INTERSECCIÓN
Conectando fe + acción

© 2018 Yuan Fuei Liao
© 2018 Manny Rosado

Fotos Koji Waki
Diseño Mich Del Villar

Santo Domingo,
República Dominicana.

Gracias a:
Fundación La Buena Noticia
Fundación Body Shop
La Novia de Villa
Sr. Eddy Reyes

INTER SECCIÓN

Conectando fe + acción

YUAN FUEI LIAO

MANNY ROSADO

*A Romero y a Casaldáliga,
el profeta y el poeta.*

*A Chiara Luce Badano,
por su sonrisa.*

*A la generación Z: jóvenes
dignos que se indignan.*

*A los adolescentes en
conflicto con la ley, de
Manoguayabo y Ciudad
del Niño (RD).*

*A mis abuelos, doña Leo
y don Leo (dominicanos)
y don Pepe y doña Nena
(beliceños).*

*A la revista ION Corriente
Alterna (a todo el equipo,
con nombres y apellidos).*

CONTENIDO

INTERSECCIÓN
SIGNO DE MÁS + ...06

JESÚS....................10
MISERICORDIA.................18
SANTIDAD.....................28
AMOR.........................36
LIBERTAD.....................44
OPTIMISMO....................54
GENEROSIDAD..................62
DETERMINACIÓN...............70
GRATITUD.....................78
AUDACIA......................86
VERDAD.......................96
FELICIDAD...................106
TOLERANCIA..................114
DOMINIO PROPIO..........124
AUTENTICIDAD.............132

PRUDENCIA...................142
CONSCIENCIA.............150
POLÉMICA...................158
LIDERAZGO..................168
EMPODERAMIENTO.......178
JUSTICIA E IGUALDAD...186
DIGNIDAD HUMANA....196
SER HUMANO..............206
CIENCIA VERSUS FE......214
EVOLUCIÓN..................222
MUJER DE LUZ.............230
DATA 238
TIEMPO.....................246
EXTRA......................254
ÑAPA.......................264

YUAN FUEI LIAO.............274
MANNY ROSADO.........276

INTER-SECCIÓN

SIGNO DE MÁS

Yuan: Hace años escribí esta minificción en Twitter: *«Se detuvo en la encrucijada sin saber por cuál camino proseguir. Mirando el cruce de caminos, descubrió que ese era el camino: ¡la cruz!»*. Cuando un sendero se cruza con otro, se traza una cruz. Y la cruz es el signo de suma, no de resta.

Manny: Y si en algún momento llegara a restar, restaría penas y dolores. Es lo que sucede cuando se suman alegrías.

Yuan: Las esquinas (cruces, intersecciones) de nuestros barrios son importantes puntos de encuentro: «Nos vemos en la esquina». «Te espero en la esquina». «Se avisará en la esquina». «La fiesta fue en la esquina». «Lo alcanzamos en la esquina»... Por eso escogimos este título para el libro, «Intersección»: deseamos sumar, no restar; multiplicar, no dividir. Como la cruz de Jesús.

Manny: Cruz que llevamos en el pecho como símbolo de esperanza, perdón, renovación y encuentro. ¡Yo la encuentro para encontrarme!

Yuan: Desde que Jesús fue levantado sobre ella, la cruz simboliza la salvación.

Manny: Se levanta con Jesús lo que al mundo le hacía y le está haciendo falta: ✝ amor! Cambia todo. Crea algo nuevo de algo viejo. Lo que significaba muerte, hoy se «intercepta» con la esperanza.

Yuan: Lo dijo Juan Pablo Duarte: «No es la cruz el signo del padecimiento; es el símbolo de la redención».

Manny: Y según el papa Francisco: «Es realmente una revelación de Dios al revés... El signo más desconcertante es la cruz», ya que todos esperaban otra cruzada en esa intersección. Jesús rompió esquemas para así, mediante la cruz, iluminar las mentes y los corazones de los discípulos, a fin de que puedan comprender claramente quién es su Maestro.

Yuan: Toda cruz es una intersección: hay un punto de convergencia entre un palo vertical y un palo horizontal. Este libro quiere ser un punto de convergencia, para unir, no para separar. El palo vertical representa la relación del ser humano con Dios: la dimensión divina que trasciende al más allá. La piedad, la devoción, la oración.

Manny: Un recordatorio de tener una conexión directa y en vivo con Dios, sin perder de vista al prójimo.

Yuan: El palo horizontal representa la relación del ser humano con los demás: la dimensión social que trasciende al más acá. La caridad, la solidaridad, la acción.

Manny: Un recordatorio de acompañar y de mirar a quien camina al lado, detrás, delante, sin perder la vista hacia arriba.

Yuan: El punto de convergencia sería la dimensión «interiorizante»: la que trasciende a la profundidad del ser, la espiritualidad integral de cuerpo, alma y espíritu.

Manny: Es el punto de equilibrio, de balance perfecto, estabilidad. Es el punto de priorizar la fe con obras, las obras con fe (el orden de los factores no altera el producto, siempre y cuando se intercepten).

Yuan: La cruz o intersección marca mucho la diferencia. Ejemplos: «A sanidad le hace falta la † para convertirse en santidad». «La diferencia entre "amar uno al oro" y "amar uno al otro" es una †». La cruz o intersección es signo de más, no de menos. Cuando la alzamos como signo de menos para restar dignidad a los demás, entonces la cruz está de más. La cruz o intersección está para sumar vidas sumergidas en su mar. No es signo de sumisión explotadora. Sí es signo de su misión exploradora. No es signo de sugestión hipnotizadora.

Sí es signo de su gestión liberadora. No es adicción. Sí es adición. No es negativo. Sí es positivo.

Manny: No es signo de contraposición. Sí es signo de unificación. No es signo de confusión. Sí es signo de clarificación y dignificación. No es obsesión. Es una nueva opción. No es opresión. Es decisión. Ver la cruz como intersección entre lo social y lo divino nos acerca aún más al propósito real del sacrificio en la cruz. Jesús bendecía horizontalmente, caminando hacia la cruz, y verticalmente, dirigiéndose hacia la luz del cielo... Simplemente caminando (sinónimo de acción) y hablando con Dios (sinónimo de oración). De eso se trata: ¡Accionar y orar!

Yuan: Manny y yo tenemos dones diferentes. Él canta: compone y anima con música. Yo cuento: descompongo y desacomodo con cuentos. Los dos nos cruzamos: fuimos contactados por el equipo de ION Corriente Alterna para ser redactores de la revista. Se requirió a Manny para escribir la sección «Corriente social». Se me solicitó redactar la sección «Cambio de luces». Para cada número de la revista nos fue asignado un tema común.

Manny: Yuan y yo tenemos estilos diferentes para escribir y transmitir mensajes. Hemos logrado cruzar nuestros pensamientos en ese punto medio de la intersección, el cual llevará a las personas a una lectura diferente, aunque se dirija a un mismo punto, un punto de esperanza y transformación. ¡Diversos caminos las llevarán al punto de encuentro! Es decir, a la misma esquina que busca la unidad en la diversidad. Un dominico-beliceño que actúa y ora se cruza con un taiwanés aplatanado que ora y actúa: de ahí nace esta experiencia lectora.

Yuan: Vimos que había un punto de convergencia: Manny había escrito sobre el palo horizontal, mientras que yo lo había hecho sobre el palo vertical. Y como la cruz une, decidimos recopilar nuestros artículos de ION Corriente Alterna y conectarlos en un libro: «Intersección».

Manny: La «Intersección» ha permitido el cruce de ideas entre Yuan y yo. Un cruce inesperado, aprovechado, sumado y multiplicado.

Yuan: En este libro, los últimos dos artículos de ambos (los extras y las ñapas) no formaron parte de los escritos para ION Corriente Alterna. Los añadimos como «lo que no queremos que se nos quede». En mi caso, esos dos artículos los redacté hace años, cuando yo tenía más o menos la edad que ahora tiene Manny.

Manny: Por mi parte, son dos artículos que escribí en base a experiencias que proyecté vivir y a metas que propuse alcanzar, luego de una semana de silencio que vivencié, que me impulsó a experimentar esas historias de transformación de pensamiento, acción, hábito, carácter y destino. Y los escribí a la edad que tenía Yuan cuando escribió sus dos artículos de extra y de ñapa.

Yuan: Intersección suena a intercesión. Esta palabra define la oración activa o la acción orante, ceder con un interés: el bien común. Intercedemos para que esta publicación sea de bendición, especialmente para la juventud.

Manny: Intercedemos para que más personas sean interceptadas con este mensaje refrescante, diferente y con sabor a acción † oración. Intercedemos por aquellos corazones que todavía no han sido cruzados con el amor de Dios y para que más personas salgan a las «esquinas» a llevar la Buena Noticia.

Yuan: Intercedemos también, con gratitud, por las personas de la Fundación La Buena Noticia, para que sigan siendo puntos de «Intersección».

JESÚS

BUSCANDO LA LLAVE

Yuan Fuei Liao

Uno de mis personajes favoritos es Nasrudín, un antihéroe de la mística sufí. Sus anécdotas, cargadas de humor, dejan entrever la sabia y absurda lógica de este personaje mítico, considerado maestro y tonto al mismo tiempo. Esta es su anécdota más conocida:

Un día estaba Nasrudín a cuatro patas en el patio, buscando algo. Se le acercó un amigo y le preguntó: «Nasrudín, ¿qué buscas?». Él le respondió: «Perdí la llave de mi casa». El otro se ofreció: «Te ayudaré a encontrarla». Al rato se acercaron más personas a preguntar lo mismo. «Perdí mi llave», respondía Nasrudín. Todos se pusieron a ayudarle a buscar la llave. Luego de mucho tiempo de búsqueda infructuosa, uno, cansado, le preguntó a Nasrudín: «¿Tienes alguna idea de por dónde perdiste tu llave?». «Sí, dentro de mi casa», dijo Nasrudín. «Entonces, ¿por qué la buscas aquí fuera?». Nasrudín contestó: «Porque aquí hay más luz».

AHÍ HAY AY: ¡EL PECADO!

Me imagino la cara que pusiste al leer la última frase de Nasrudín. Esto es un reflejo de la condición humana: hemos perdido la llave de nuestra casa, ya no seguimos «en casa», no vivimos en intimidad con Dios. Esa casa es la felicidad. Buscamos desesperadamente la llave para abrirla; pero, deslumbrados por «luces», la buscamos donde no podemos encontrarla. Todos la buscan y parece que nadie sabe dónde encontrarla. La llave no está en el «patio», sino en la «casa», que es nuestro interior.

Esa es la realidad del «pecado». Es una palabra que a muchos provoca tirria, pero calmémonos: el pecado no es más que nuestra incapacidad de acertar con la felicidad; y a fin de cuentas, lo que Dios quiere para nosotros es que seamos felices.

Thomas Keating, monje trapense, nos recuerda el sombrío panorama del pecado:

«Según san Agustín: el pecado original tiene tres consecuencias: 1) No sabemos dónde encontrar la felicidad (ignorancia); 2) la buscamos en donde no está (concupiscencia); y 3) si alguna vez descubrimos dónde podemos encontrarla, la voluntad es demasiado débil para luchar por ella».

Es en medio de esas tres oscuridades que Jesús hace su entrada. En mi caso particular, Jesús llegó a mi vida como un restaurador de obras de arte. Si nuestra vida es una obra de arte, y la lacra del pecado ha dañado esa obra, Jesús se nos presenta como un amigo restaurador (salvador, le llaman).

LAS «DEBILIDADES» DE MI AMIGO: «NO PUEDE»

Desde hace ya varios años estoy conociendo a mi amigo Jesús. En realidad, había oído hablar de él en mi infancia; pero no me fijaba en su mirada sanadora hasta que, siendo adolescente, tuve un «encuentro personal» con él. Es difícil describir con palabras esta experiencia. Es algo tan personal que no se explica, sino que se vivencia. El caso es que sentí su voz que me llamaba y, al darme vuelta, intuí una sonrisa radiante, transmisora de amor, paz y alegría.

A medida que voy conociendo a mi amigo Jesús, voy descubriendo sus «debilidades». Los teólogos ensalzan con «omnis» megaextraordinarios a mi amigo. Dicen que es omniperfecto (todo perfecto), omnipresente (está en todas partes), omnisapiente (todo lo sabe), omnisciente (todo lo ve), omnipotente (todo lo puede); pero algunos quizás ignoran que hay cosas que mi amigo no puede hacer: él no puede dejar de amarme. Mi amigo omnisciente conoce todo acerca de mí y aun así me ama. Por más fallos que yo cometa, él me tiende su amor gratuito, eterno, personal e incondicional.

Mi amigo **no puede** desoír mi oración, siempre me atiende. Él trabaja todo el tiempo, pero nunca está ocupado: tiene tiempo para conversar conmigo y escucharme pacientemente. Esta incapacidad de dejar a alguien «plantao» es una de sus «debilidades» más admirables. Mi amigo **no puede** dejar de escucharme cuando le hablo. Dijo alguien sobre esta experiencia de mi amigo: «La oración es nuestra fuerza y es la debilidad de Jesús». Él se hace «débil» cuando le hablo.

Hay personas vulnerables que han sido muy golpeadas en la vida con numerosas heridas. A menudo, la persona herida tiende a herir a los demás (como el león que ataca cuando se le dispara). Cuando esto ocurre, mi amigo no cambia su «terca» actitud de acogida. Si alguien, con un pasado turbulento, vuelve a la casa de mi amigo, él **no puede** rechazarlo. Mi amigo **no puede** dejar de acoger a todos, incluso a quienes son etiquetados como «pecadores» (personas que lastiman), porque los quiere y acepta como son. Llegó a declarar públicamente que *«habrá más alegría en el Cielo por un solo pecador que vuelve a Dios que por noventa y nueve justos que no tienen necesidad de conversión»* (Lucas 15, 7). Este amigo es débil con los corazones lastimados por la condición humana (el pecado, como se le suele llamar). En su «locura», este amigo mío llega a derrochar fiestas para celebrar cada reencuentro.

Mi amigo **no puede** condenar a nadie. Él mismo dijo que: *«Dios no mandó a su hijo a este mundo para condenar al mundo sino para salvarlo»* (Juan 3, 17). Mi amigo **no puede** odiar ni guardar resentimientos porque *«Dios es amor»* (1 Juan 4, 16), y mi amigo es la imagen visible del Dios invisible. Y resulta que el amor solo sabe amar y *«disculpa todo; todo lo cree, todo lo espera y todo lo soporta»* (1 Corintios 13, 7).

Quiero recalcar otra «debilidad» de mi amigo Jesús: tiene «mala memoria» para recordar nuestras «metidas de pata». Cuando le fallamos, él está presto para perdonar y «olvidar». Él es exagerado en la misericordia y extremista en la compasión. Vi un video en donde se presentaba a mi amigo blandiendo una lista de nuestros pecados. Tal vez quienes produjeron ese video no se enteraron de que *«el amor no se deja llevar por la ira, sino que olvida las ofensas y perdona»* (1 Corintios 13, 5).

Otra anécdota –esta vez no de Nasrudín– nos aporta un poco más:

DICHOSA AMNESIA

Se cuenta de una señora muy piadosa que cada día, cuando rezaba, recibía la aparición de Jesús. Ella le contó a su párroco sobre cómo Jesús charlaba con ella de tú a tú, pero el sacerdote no le creyó. Este padre le retó: «La próxima vez que Jesús se te aparezca, quiero que le preguntes cuál fue mi pecado que confesé en la última vez que acudí al sacramento de la reconciliación». Al día siguiente, la señora se encontró de nuevo con el párroco. Ella le contó: «Cuando le pregunté a Jesús sobre el último pecado que usted confesó, él sólo dijo: "¿Cuál pecado? ¡Ya lo olvidé!"». Jesús sufre de «amnesia» para no recordar lo ya perdonado.

LA OMNIPOTENCIA DE LAS IMPOTENCIAS DEL SALVADOR

Todas estas «debilidades» o «impotencias» de mi amigo Jesús se deben a que él es fuerte. Nada hay más fuerte que el amor todopoderoso. Y mi amigo no puede dejar de amar. En este mundo en donde la palabra amor parece devaluada y hasta puede sonar cursi, hoy declaro que he experimentado el amor salvador de mi amigo Jesús. Esta experiencia ha sido para mí el detonante para sanarme de muchas heridas de recuerdos dolorosos, inseguridad, temores y afectividad. Es un amor alejado de los estándares mercadológicos: no es el amor de telenovelas o de la música romántica de moda. Es un amor poderoso que transmite una presencia plena, de paz y gozo.

La vida de Jesús es salvación de nuestro pecado: viviendo al estilo suyo, podemos recuperar la vía para beber de la fuente de la felicidad que está dentro de nosotros. Por eso, Jesús es el Camino, la Verdad y la Vida (cf. Juan 14, 6). Vivir como salvados es asumir la manera de vivir de Jesús: una vida en donde la práctica del servicio y el amor solidarios conduce a la justicia y a la paz. Aceptando a Jesús como amigo, viviendo como él, hallaremos la verdad que abrirá nuestra casa. Más aún: Jesús es la llave que nos salva de vivir fuera de la casa de Dios. Con razón le llaman el Salvador.

SI JESÚS FUERA DOMINICANO

Manny Rosado

Siempre me he preguntado: ¿Qué pasaría si Jesús volviese a nacer hoy? ¿Lo reconoceríamos? Creo que, si Jesús llegase a nacer en República Dominicana, nacería debajo del puente Duarte o quizás en algún batey de Pedernales. Me imagino a José y a María montados en un motor 70 buscando dónde nacería Jesús, quizás en algún campo o un ingenio de caña para hospedarse. María sentada de ladito en la motocicleta y José con tremenda quemadura de muffler en la pierna derecha.

Seguro que, si Jesús hubiese nacido en Dominicana, pocos lo reconoceríamos. Jesús tendría nuestras costumbres, tradiciones e idioma. Comería tilapia, domplín con salami o un yanikeke con peca'o frito en Boca Chica, y hasta sabría bailar bachata, merengue o salsa. Piensa que, si Jesús fuera dominicano, le habría gustado comer locrio de arenque, asopao, concón con habichuela, sancocho de siete carnes o un postrecito de palito de coco.

Pero... si Jesús tocara a tu puerta, ¿le abrirías? Hoy en día nos cuesta abrirle la puerta al que toca, ya que hemos «creado» una inseguridad social y un miedo increíble ante las personas. Aunque hayas decidido no abrirles la puerta a quienes piden, puedes descubrir cómo ayudarlas.

LOS «JESUSES» DE MI ABUELA

Es muy simple, a casa de mi abuela siempre van muchos «JESUSes» (así llama mi abuelita a las personas que cada semana van a su casa a pedir). Mi abuela, cada día, los espera con ansias y hasta el nombre de cada uno se sabe (así como Jesús nos llama por nuestro nombre y apellido). Ella, de antemano, les tiene preparado su alimento, su dinerito, o en el caso de la doña que solo va los sábados, le tiene listo su pan con queso y carne, ya que no le gusta el jamón (es un poco exigente la doña). ¡Es cuestión de buscar estrategias inteligentes!

¿Sabes algo? La realidad es que Jesús sí ha nacido en mi país. El caso es que no lo hemos reconocido. El no reconocer la presencia de Jesús en el humilde, en el pobre, en el que sufre, en nuestro semejante, es lo que ha dado brecha a que más cristianos dejemos de ayudar y de darnos a plenitud a las necesidades del que menos posee. Pecar por omisión es eso. Saber que tenemos que hacer algo y dejar de hacerlo por algún pretexto. Como dice mi padre: «Todo pretexto es un argumento sacado de contexto para no asumir lo que tienes que hacer». ¿Cuántas oportunidades de ayudar a Jesús hemos perdido por nuestra indiferencia ante las realidades sociales que nos pasan por la cara?

¡HEY, DESPIERTA!

Todavía estás a tiempo de acudir a este llamado. Tú puedes ser Jesús para otros. Jesús no es solo ayudar a los pobres. Jesús denuncia y se opone a lo mal hecho por las autoridades. ¡Por eso lo mataron! Estaría muriendo cada día en la cruz por oponerse a la corrupción y anunciando la Buena Nueva. ¡Moriría todos los días, solo para salvarte y verte feliz!

Ser Jesús para otros es acompañar, escuchar, tolerar, valorar y entender al prójimo. No es preguntar ¿de dónde vienes?, sino: ¿hacia dónde vamos juntos?

Jesús sana, ora, va a los hospitales y las cárceles a atender al prójimo, ya sea dominicano, haitiano, estadounidense, israelí o de cualquier parte del mundo. Ser Jesús para otros es acompañar, escuchar, tolerar, valorar y entender al prójimo. No es preguntar ¿de dónde vienes?, sino: ¿hacia dónde vamos juntos? En nuestra humanidad se nos hace difícil entender la perfección de Jesús. Es por eso que el llamado de este día es: «Ser menos como nosotros y más como Jesús».

Visita el barrio más cercano y ayuda a mejorarlo. Comparte con tu vecino, di a tus padres cuánto los amas, valora a la ama de casa, conoce al limpiabotas, no botes basura en la calle, valora tu vida, baila, canta, sé humilde y vístete de JESÚS. **No dejes para mañana lo que pudiste hacer ayer para que tu presente no sea un argumento de lo que no hiciste hoy.** Si Jesús fuese dominicano... ¿qué le dirías?

MIRA A JESÚS EN TU PRÓJIMO Y REALIZA UNA ACCIÓN QUE JESÚS HARÍA POR ÉL O ELLA.

RECOMENDACIÓN MUSICAL:

Decídete a amar Manny Rosado
La última palabra Miguel Quiñones
La bella Eliacim
Pa' lante Alfareros

MISERI-
CORDIA

MISERICORDIOSOS

Yuan Fuei Liao

Cordial chocó con Miseria, tendida en el suelo.
Se inclinó para alzarla con sus cuerdas internas revueltas.
Al tocarla, nació Misericordia.

Me cae bien el papa Francisco. Es cercano, sencillo, franco... ¡humano! Habla con un lenguaje tan asequible que resulta fácil entenderle. Y sobre todo, habla con el corazón en la mano y en la boca. Una de sus declaraciones más elocuentes es precisamente el título de un libro-entrevista publicado por Editorial Planeta: «El nombre de Dios es misericordia». Es como si, después de tantos siglos de polémicas sobre el nombre de Dios, el papa Francisco nos quisiera descomplicar con una sencilla afirmación: «Dios se llama... ¡misericordia!». Parece que el papa Francisco está insinuando que, aunque cada religión pueda asignar sus nombres a Dios, hay algo común que nos debe unir, algo que para este pontífice tiene un valor tan absoluto que lo equipara a Dios: la misericordia.

Es curioso: me di cuenta de que en la palabra «misericorDIOSo» está contenida la palabra DIOS. También está contenida MISERI (de miseria) y COR (de corazón). De hecho, etimológicamente la palabra «misericordia» alude a un corazón solidario, capaz de amar a quien padece alguna miseria (necesidad). Por eso, en el lenguaje corriente se identifica la misericordia con la compasión y el perdón.

Sentir misericordia no es tener lástima. La lástima supone un sentimiento pasajero que no compromete («ese asesino me da lástima... ojalá que se pudra en la cárcel»), mientras que la misericordia es una compasión solidaria con una fuerza poderosa de transformación (por ejemplo, el testimonio vehemente de aquella madre que desea el bien y perdona al asesino de su hijo, al punto de abrazarlo).

MISERICORDIA VERSUS MISERIA

La misericordia no puede ser una aprobación del mal. Más bien es combatir el mal a fuerza de bien, según san Pablo (Romanos 12, 21). La misericordia tampoco se riñe con las leyes. Si una persona comete un acto delictivo es justo que pague por el daño hecho, pero para la redención de esa persona se precisa la misericordia. Es la idea fuerza en la novela «Los miserables», de Víctor Hugo, muy conocida por las adaptaciones al cine y a los musicales. La acción comienza con la llegada de Jean Valjean, el personaje principal, después de una sentencia de diecinueve años de prisión: su pasado como convicto lo abruma y es rechazado por todos. Solo el obispo Myriel le abre la puerta para ofrecerle alimento y refugio. Jean Valjean muestra un gran resentimiento con la sociedad. Roba la vajilla de plata del obispo y huye. Cuando es detenido y llevado por la policía ante el obispo Myriel, este cuenta a la policía que él le había regalado la vajilla de plata y que aún se había olvidado de darle dos candelabros. Así consigue de nuevo la libertad para Valjean. Después logra que el exconvicto, sintiéndose perdonado, se comprometa a redimir su vida. A partir de ese acto, Jean Valjean empieza a transformarse hasta llegar a ser un reputado hombre de bien... redimido por la misericordia.

JESÚS: ROSTRO DE LA MISERICORDIA DE DIOS

Sin necesidad de ir a casos extremos, podemos practicar la misericordia en la cotidianidad. Empecemos por reconocer que Dios es misericordioso; que primero nos cansaremos de hacer el mal, antes de que él se canse de hacernos el bien. El mismo papa Francisco nos convocó a un año jubilar de la misericordia. En el documento de la convocatoria nos dijo:

«La misericordia de Dios no es una idea abstracta, sino una realidad concreta con la cual él revela su amor, que es como el de un padre o una madre que se conmueven en lo más profundo de sus entrañas por el propio hijo» (Misericordiae Vultus).

Lo primero es una invitación a experimentar el amor misericordioso de un Dios que nunca se cansa de amar y perdonar. *«Den gracias al Señor porque es bueno, porque es eterna su misericordia»* (Salmo 107, 1). Otra vez, las palabras del papa nos iluminan:

«Es precisamente en las heridas de Jesús que nosotros estamos seguros, ahí se manifiesta el amor inmenso de su corazón. San Bernardo se pregunta: ¿En qué puedo poner mi confianza? ¿En mis méritos? Pero "mi único mérito es la misericordia de Dios. No seré pobre en méritos, mientras él no lo sea en misericordia. Y, porque la misericordia del Señor es mucha, muchos son también mis méritos" (Sermón 61, 5). Esto es importante: la valentía de confiarme a la misericordia de Jesús, de confiar en su paciencia, de refugiarme siempre en las heridas de su amor. Cuántas propuestas mundanas sentimos a nuestro alrededor. Dejémonos, sin embargo, aferrar por la propuesta de Dios, la suya es una caricia de amor. Para Dios no somos números, somos importantes, es más, somos lo más importante que tiene; aun siendo pecadores, somos lo que más le importa» (Homilía en la Basílica de San Juan de Letrán, 7 de abril de 2013).

¡Qué belleza y qué delicia es gustar de las sabias palabras del papa Francisco que nos convoca y nos exhorta a confiar en la propuesta divina, que es «caricia de amor»!

ABRAHÁN Y EL MENDIGO BLASFEMO

Se cuenta que un día, Abrahán invitó a un mendigo a comer en su tienda. Cuando Abrahán estaba dando gracias, el otro empezó a maldecir a Dios y a decir que no soportaba oír su santo Nombre. Lleno de indignación, Abrahán echó al blasfemo de su tienda. Aquella noche, cuando estaba haciendo sus oraciones, le dijo Dios a Abrahán: «Ese hombre ha blasfemado de mí y me ha injuriado durante cincuenta años y, sin embargo, yo le he dado de comer todos los días. ¿No podías haberlo soportado tú al menos durante un solo almuerzo?».

OBRAS DE MISERICORDIA

Lo dijo Jesús: *«Sean misericordiosos como su Padre es misericordioso»* (Lucas 6, 36). Lo segundo es hacer obras de misericordia: luego de saborear la misericordia divina, somos invitados a practicar la misericordia humana.

Las obras de misericordia se pueden dividir en corporales y espirituales:

Obras de misericordia corporales (según Mateo 25, 31-46): Dar de comer al hambriento, dar de beber al sediento, acoger al forastero, vestir al desnudo, asistir a los enfermos, visitar a los encarcelados. Obras de misericordia espirituales que propone la Iglesia: Dar consejo al que lo necesita, enseñar al que no sabe, corregir al que se equivoca, consolar al triste, perdonar las ofensas, soportar con paciencia a las personas molestas, orar por las personas necesitadas. En resumen, se trata de tender nuestras manos y nuestra vida hacia el otro en necesidad, como en el siguiente relato:

«ESTABA SEGURO DE QUE VENDRÍAS»

«Mi amigo no ha regresado del campo de batalla, señor. Solicito permiso para salir a buscarlo». «Permiso denegado», replicó el oficial. «No quiero que arriesgues tu vida por un hombre que probablemente ha muerto». El soldado, haciendo caso omiso de la prohibición, salió, y una hora más tarde regresó gravemente herido, cargando el cadáver de su amigo. El oficial estaba furioso: «¡Te dije que había muerto! ¡Ahora he perdido a dos hombres! Dime, ¿merecía la pena salir allá para traer un cadáver?». Y el soldado, herido, respondió: «¡Claro que sí, señor! Cuando lo encontré, todavía estaba vivo y pudo decirme: "Jack... estaba seguro de que vendrías"».

EXTIENDE TU MANO

Manny Rosado

El papa Francisco expresó en un discurso en México: «Si ven a un amigo que se pegó un resbalón en la vida y se cayó, anda y ofrécele la mano, pero ofrécela con dignidad, ponte al lado de él, de ella, escúchalo. Déjalo que te cuente y entonces, poquito a poco te va extendiendo la mano y vos lo vas a ayudar en nombre de Jesucristo».

EXTIENDE TU MANO

Extender la mano va más allá de una acción física. Es romper con los prejuicios y el orgullo. Es hacerse pequeño para engrandecer los corazones de los más sufridos y desconsolados. Es ahí donde viene a tomar tanto sentido el poder de la palabra «misericordia»:

ser compasivo y ayudar a aquellos que están necesitados, presos, entristecidos y enfermos.

DESDE OTRA PERSPECTIVA

Para poder entender el sufrimiento del enfermo o del que está encarcelado, no necesariamente hay que experimentar una de estas situaciones, pero ayuda mucho ponerse en los zapatos del otro.

Recientemente pasé por un proceso de enfermedad, con un diagnóstico de «Querato Conjuntivitis Membranal» en ambos ojos. Eso me llevó a estar en cama por quince días. Contraje la enfermedad trabajando en los barrios más pobres y marginados de mi país, liderando un proceso educativo para mejorar el sistema de educación en las escuelas de esas localidades.

En medio de esa enfermedad, en cama, sin poder ni siquiera abrir bien los ojos, no encontraba qué más hacer. Me sentía tan solo y desesperado. Aún sin poder ver a través de los ojos, mi corazón podía ver la esperanza de superar esta prueba. Mi comunidad de la Iglesia y personas de otras denominaciones cristianas permanecieron por todos esos días orando por mi pronta recuperación. Me llamaban y se preocupaban por mí. ¡Nunca había pasado por algo similar!

Consulté a otra oftalmóloga para tener una segunda opinión. Me recetaron nuevos medicamentos, mientras las personas más cercanas a mí continuaban orando por mi pronta recuperación. La doctora me informó que tenían que operarme al día siguiente si mis ojos no presentaban mejoría. Responsablemente me realicé los análisis como preparación para la cirugía. Aún en el temor, nunca dejé de tener fe y de creer que todo esto iba a pasar.

En este proceso escribí una canción que se llama «Si tienes fe», con tan solo un poco de luz que entraba en mi habitación. Casi no podía abrir los ojos. Ese poquito de luz, un lápiz y un papel bastaron para crear letras de compasión y esperanza dedicadas a aquellos que están pasando por alguna situación de enfermedad. Sentía paz y sanación mientras cantaba. Y como obra celestial, el mismo día de la operación, gracias a Dios, al cambio de los medicamentos, a la oración y a la música, las membranas que me iban a sacar de los ojos desaparecieron casi por completo. ¡No hubo necesidad de operarme y mis ojos presentaron una mejoría increíble!

POR UNA SIMPLE VISTA

Dios se vale de estas situaciones para crear sensibilidad en nuestros corazones. Esta situación me hizo entender sobre la importancia de extender la mano al que está enfermo. Extenderla y de corazón. Experimenté la enfermedad. Ahora soy más empático con los enfermos. ¡Todo tiene un propósito! Todo esto no se quedó en una situación de vida: me movió a la acción.

> En este proceso escribí una canción que se llama «Si tienes fe», con tan solo un poco de luz que entraba en mi habitación.

Dos semanas después de mi recuperación, estuve en un colegio cantando y grabando un video de esta canción junto a los compañeros del curso de una niña que padecía de cáncer. Luego estuve en una clínica acompañando al padre de una amiga que también padecía de cáncer. Mientras le cantaba en el hospital al padre de mi amiga, este me decía: «Manny, cántame el estribillo. Manny, cántame el estribillo otra vez, por favor». El estribillo decía: «Tú vas a sanar, te vas a LEVANTAR, solo es cuestión de fe, solo tienes que creer».

Luego surgió un momento de sanación interior, en el que los familiares de este señor le externaron sus sentimientos de afecto y amor para con él. Él logro pedir perdón y dar gracias a su familia. Sin duda alguna, Dios estuvo ahí.

Esos momentos de paz y amor, de simplemente estar con ellos, han quedado grabados en los corazones de estas dos personas y sus familias para la eternidad: ambas personas fallecieron poco después. Acompañé a las dos familias en la funeraria y volví a cantar la misma canción. En ambas ocasiones sentí la presencia sanadora de Papá Dios. Sanación espiritual y emocional. ¡La música como acompañante! Recuerdo a los niños y niñas del colegio entrar a la funeraria llorando y llenos de tristeza, llevando rosas y detalles a la chica que había fallecido, mientras a la vez, me acompañaban a cantar la canción.

SI TIENES FE

Luego de un tiempo, recibí el video de la reacción de la niña que tenía cáncer, antes de partir al Padre, disfrutando del video que grabamos con mucho amor junto a sus compañeros para ella. Estaba tan alegre. Estaba tan feliz. «Desde que comenzó su proceso de quimioterapia, nunca se le había visto tan feliz», me relató su madre. Ese era el propósito cumplido: crear momentos de amor, de esperanza. ¡Nunca es demasiado tarde para siempre dar más amor!

EL PROPÓSITO CUMPLIDO

Ir a visitar a los encarcelados y a los enfermos cumple un simple propósito: ayuda a entender que Dios siempre está y nunca se muda. Todavía resuena en mi cabeza las palabras del padre de mi amiga que me decía postrado en cama: «Cántame de nuevo el estribillo de tu canción». «Tú vas a sanar, te vas a LEVANTAR, solo es cuestión de fe, solo tienes que creer». Me levanté de una situación de enfermedad. Es hora de levantar a otros, sin importar si están en la cárcel más peligrosa o en el hospital menos hospitalario, sin excusas de tiempo, momentos, ni otras dificultades. **No estamos llamados a estar cómodos: existimos para iluminar.** Extender la mano es valerse de lo poco o de lo mucho para levantar el corazón caído, enfermo, preso o con alguna situación de dificultad. A veces en las noches me pregunto sobre el porqué tuvieron que partir al Padre estas dos personas. Luego siento en mi corazón una voz que me dice: «Todo tiene un propósito», como dice el coro de mi canción.

NO HACE TANTO

Estuve animando un retiro espiritual en Miami. Por aquellos días, mi tía había sido víctima de una mala practica médica. Le cortaron parte de su cerebro en una operación. Mi madre, angustiada, quería que yo sacara tiempo para visitar a mi tía. No tenía espacio libre en mi agenda. Quería ir. Mami insistía.

Había muchas trabas, debidas al alto precio del pasaje para llegar a su pueblito, sumadas a la falta de tiempo. Una mañana, luego de oír un mensaje de voz de mi madre, decidí lanzarme a la aventura. Cuando llegué a casa de mi tía, estaba acostada, con dificultad para hablar. Fue muy doloroso verla así. Me arrodillé y le tomé de la mano. Le dije: «Tía, vine a saber de ti, a ver cómo estás». Ella, muy agradecida, me respondió: «Manny, no sé cómo ese doctor me hizo daño. Ya lo perdoné, pues yo nunca le haría daño a nadie». Todo esto lo decía con voz cortante y robotizada. Para mí era tan increíble ver a mi tía, en medio de una situación de vida o muerte, y aún así mantener un corazón sano, que sana y perdona.

Ese mismo día en la noche, junto a su vecina dominicana, mi tío y mi prima, elevamos una oración por mi tía. Cantamos «Si tienes fe». Tuvimos un momento hermoso de sanación. Mi tío le expresaba su amor a mi tía, y mi prima le decía que ella era su mejor amiga. Fue inolvidable: al día siguiente, mi tía, de no poder levantarse del mueble, lo intentó y lo logró. Fue sorprendente el cambio de actitud y el mejoramiento del habla de un día al otro. Sé que Dios puso su mano y que nosotros abrazamos, amamos y confiamos en su sanación.

EL CAMINO DE VUELTA

Ese segundo día, decidí volver a Miami en el bus. Casi perdí el bus por causa de la taxista. Pero cuando llegué a la terminal, me encontré con una señora norteamericana y comenzamos a hablar en inglés. Ella me preguntó sobre mi viaje a Estados Unidos. Le expliqué que había ido a trabajar con los adolescentes y jóvenes de la Iglesia y que tuve que viajar de emergencia para compartir con mi tía que estaba pasando por un proceso de recuperación debido a una mala práctica médica.

LO INESPERADO

En ese momento, la señora se quedó callada. Respiró profundo y me dijo: «Yo también estoy en este pueblo por la misma razón. A mi hija le hicieron una mala práctica médica en la espalda y ya llevo diez días acompañándola. Ahora viajo a Atlanta a ayudar a mi nieta que está pasando por una depresión, a causa del bullying que le hacen en la escuela». Sorprende cómo Dios hizo que nos encontráramos en el camino: nos permitió conocer nuestras historias. ¡Interceptarnos en la vía del servicio para ayudar a nuestros familiares!

LOS VEINTE DÓLARES

Ayudé a la señora a llevar su equipaje al bus. Pesaba «toneladas». Ella se quedó en la primera parada, mientras yo seguía hacia la última. Antes de irse, ella corrió hacia mí: «Emmanuel, toma estos veinte dólares y úsalo para el servicio de los adolescentes». Yo me quedé pasmado: ¿quién anda regalando dinero así de fácil? Yo que me fui a ese viaje con la preocupación del dinero... Dios me envió ese detalle de amor. «No puedo quedarme con ese dinero», pensé. Corrí hacia ella con mi CD musical «Resiliencia», que contiene la canción «Si tienes fe», y se lo regalé. Ella no aceptó el dinero de vuelta, pero sí tomó el disco con mucha alegría. Siento en mi corazón que ha sido de bendición para ella y su familia.

El papa Francisco también cita en su discurso: «*Los alpinistas tienen una canción muy linda que me gusta repetírsela a los jóvenes: "El arte de ascender al triunfo no está en no caer, sino en no permanecer caído". Ese es el arte y ¿quién es el único que te puede agarrar de la mano para que no permanezcas caído? Jesucristo*».

NO PERMANEZCAS CAÍDO

¡Podemos vivir esta filosofía hoy! Este arte de no permanecer caído. Y esto se logra siempre, y solo siempre, si esparcimos amor, si amamos cada vez más, si ayudamos a otros a tener un poquito más de fe y si ayudamos a otros a creer y a crecer.
Como dice esa famosa canción de «Pescador de hombres»: «...mi cansancio que a otros descanse...». Te motivo a que nuestro esfuerzo y cansancio traigan esperanza al mundo. Extender la mano a otros es extenderle la mano a Dios.

VISITA UN HOSPITAL, UNA CLÍNICA O A ALGUNA PERSONA

que esté pasando por un proceso de enfermedad. Lleva algo que estén necesitando los pacientes (de ser posible). Ora. Ríe. Canta. Baila. Escucha. Acompáñalos.

RECOMENDACIÓN MUSICAL:
Si tienes fe Manny Rosado
En el cielo no hay hospital Juan Luis Guerra
Sanar Jorge Drexler
Me alcanza Evelyn Vásquez

SANTI-
DAD

SANTOS QUE COMAN TURRONES, PERO NO SANTURRONES

Yuan Fuei Liao

Algún periodista admirador le preguntó a Eric Clapton cómo se sentía al ser el mejor guitarrista del mundo. El músico respondió: «No sé. Eso tendrías que preguntarle a Prince». La humildad es propia de los grandes seres... En otro escenario, otro periodista le preguntó a la madre Teresa de Calcuta: «La gente dice que usted es una santa viviente. ¿Qué usted opina de eso?». Yo pensaba que la madre Teresa respondería con una salida como la de Eric Clapton, pero no fue así. Ella simplemente miró al periodista y le dijo: «Ser santa, ser santo... Eso ¿qué tiene de extraordinario? Usted también debería ser un santo». ¿Faltó a la humildad? No. «La humildad es la verdad», afirmaba santa Teresa de Jesús. Y lo que dijo la madre Teresa es la verdad: vivir la santidad no debería ser algo extraordinario. Para ella, la santidad se impone como nuestra responsabilidad.

Hace unos años participé de un retiro en donde predicaba el padre Raniero Cantalamessa, el sacerdote capuchino que predica al papa y a los cardenales del Vaticano en Cuaresma. Recuerdo que el P. Cantalamessa nos preguntó: «Para ustedes, ¿qué es lo contrario de ser santo». Las respuestas fueron diversas, aunque parecidas: «Lo contrario de ser santo es ser pecador», «ser malo», «ser desgraciado», etc. El P. Raniero escuchó todas las respuestas y finalmente resaltó: «Para mí, lo contrario de ser santo es ser fracasado, porque tú y yo hemos sido llamados a vivir la santidad. Esa es nuestra vocación. Y si al final de nuestra vida no hemos llegado a la santidad, habremos fracasado». Palabras fuertes, pero sabias.

Empecemos por el principio: ¿qué es ser santo? El término hebreo que se traduce al castellano como «santo» alude a alguien «diferenciado», «distinguido», una persona que se distingue de los demás. Los hebreos entendían que las cosas y las personas santas eran «separadas» por Dios para él. Aun hoy muchos tienen la idea de que para vivir la santidad hay que estar «separado» del mundo. Pero el mismo Jesús nos ha aclarado que, aun no siendo «del mundo», vivimos en el mundo.

Y es en este mundo en donde nos toca vivir la santidad. No es un lujo de unos pocos elegidos para después de la muerte ser proclamados santos, sino que la santidad es una llamada para todos. Es por esto que, desde hace más de diez años, circula esta oración por Internet:

Necesitamos santos
Necesitamos santos de jeans y tenis.
Necesitamos santos que vayan al cine, escuchen música y paseen con sus amigos.
Necesitamos santos a los que les guste el baile y el deporte.
Necesitamos santos sociables, abiertos, normales, amigos, alegres, compañeros.
Necesitamos santos que vivan en el mundo, se santifiquen en el mundo y que no tengan miedo de vivir en el mundo.
Necesitamos santos modernos, solidarios santos del siglo XXI con una espiritualidad insertada en nuestro tiempo.

Lo cierto es que Dios nos ama tal como somos. Y cada quien, así como es, está llamado a vivir en santidad sin ser mutilado en su personalidad.

¿SANTIDAD COMO PERFECCIÓN?

Otra inquietud en muchos jóvenes es el miedo a no dar la talla. Piensan que la santidad es perfección y esta es inalcanzable, al menos en este mundo. Sobre esto, nos puede iluminar la Biblia. En el Antiguo Testamento, hay una orden atribuida a Dios: «*Sean santos, como yo soy santo*» (Levítico 11, 44). En el Nuevo Testamento, el evangelista Mateo pone en labios de Jesús: «*Sean perfectos como el padre de ustedes es perfecto*» (Mateo 5, 48). Lo cual, por la ley transitiva, nos hace pensar que ser santo es ser perfecto. Ahí es donde la camisa parece que nos queda grande. Entonces, en el Evangelio según San Lucas, Jesús nos enseña: «*Sean misericordiosos como el padre de ustedes es misericordioso*» (Lucas 6, 36). Esto nos hace concluir que, para el cristianismo, la santidad y la perfección consisten, sobre todo, en algo asequible para todos: practicar la misericordia. Es que Dios siempre es misericordioso, y quien practica la misericordia se parece a Dios: es de la misma familia de Dios, cuyo apellido es «santo». Se puede terminar un «año santo de la misericordia», pero la práctica de la misericordia no caduca nunca: es propia del estilo de vida de un cristiano que quiere ser santo.

PROCESO DE CANONIZACIÓN

Como soy miembro de la Comunidad Siervos de Cristo Vivo, fundada por el padre Emiliano Tardif (quien falleció con fama de santidad), algunas personas me preguntan sobre cómo anda el proceso de canonización del P. Emiliano. Mi respuesta va siempre acompañada de un guiño: «Lo más importante no es cómo anda el proceso de canonización del P. Emiliano, sino cómo anda el proceso de canonización de cada uno de nosotros». Para ese proceso nuestro, propongo una meta diaria: vivir la vida ordinaria de manera extraordinaria. Si hacemos eso, al final de la vida habremos llegado a la Meta, y no seremos «fracasados», y veremos al Santo cara a cara.

En fin, necesitamos santos. Necesitamos santos que coman turrones, pero no santurrones, porque la humildad es un distintivo de los que viven en santidad, como lo muestra el siguiente cuento relatado por Anthony de Mello, en «La oración de la rana».

LA SOMBRA SANTA

Érase una vez un hombre tan piadoso que hasta los ángeles se alegraban viéndolo. Pero, a pesar de su enorme santidad, no tenía ni idea de que era un santo. Él se limitaba a cumplir sus humildes obligaciones, difundiendo en torno suyo la bondad de la misma manera que las flores difunden su fragancia, o las lámparas su luz. Su santidad consistía en que no tenía en cuenta el pasado de los demás, sino que tomaba a todo el mundo tal como era en ese momento, fijándose, por encima de la apariencia de cada persona, en lo más profundo de su ser, donde todos eran inocentes y honrados y demasiado ignorantes para saber lo que hacían. Por eso amaba y perdonaba a todo el mundo, y no pensaba que hubiera en ello nada de extraordinario, porque era la consecuencia lógica de su manera de ver a la gente.

Un día le dijo un ángel: «Dios me ha enviado a ti. Pide lo que desees, y te será concedido. ¿Deseas, tal vez, tener el don de curar?». «No, preferiría que fuera el propio Dios quien lo hiciera», respondió el hombre.

«¿Quizás te gustaría devolver a los pecadores al camino recto?» «No, no es para mí eso de conmover los corazones humanos. Eso es propio de los ángeles», respondió.

«¿Preferirías ser un modelo tal de virtud que suscitaras en la gente el deseo de imitarte?». «No, porque eso me convertiría en el centro de la atención», dijo el santo.

«Entonces, ¿qué es lo que deseas?, preguntó el ángel. «La gracia de Dios», respondió él. «Teniendo eso, no deseo tener nada más».

«No», le dijo el ángel, «tienes que pedir algún milagro; de lo contrario, se te concederá cualquiera de ellos, no sé cuál».

«Está bien; si es así, pediré lo siguiente: deseo que se realice el bien a través de mí sin que yo me dé cuenta».

De modo que se decretó que la sombra de aquel santo, con tal de que quedara detrás de él, estuviera dotada de propiedades curativas. Y así, cayera donde cayera su sombra, y siempre que fuese a su espalda, los enfermos quedaban curados, el suelo se hacía fértil, las fuentes nacían a la vida, y recobraban la alegría los rostros de los agobiados por el peso de la existencia. Pero el santo no se enteraba de ello, porque la atención de la gente se centraba de tal modo en su sombra que se olvidaban de él; y de este modo se cumplió con creces su deseo de que se realizara el bien a través de él y se olvidaran de su persona.

AMOR + ACCIÓN = SANTIDAD

Manny Rosado

VER MÁS ALLÁ ES TRASCENDER

Una señora de más de 70 años trabajaba en una farmacia en las afueras de Francia. Vivía la cotidianidad de su trabajo. Sin grandes hazañas. Sin grandes victorias. Toda esa normalidad no evitó que, a su prolongada edad, tuviera la capacidad de ver mas allá en medio de la «simplicidad». En la farmacia que laboraba pudo percatarse de que muchas personas estaban requiriendo constantemente medicamentos muy similares. Esto le pareció interesante y curioso. Le motivó a identificar lo que había de trasfondo en las realidades de estas personas.

LA SANTIDAD EN LA SIMPLICIDAD

Los enfermos eran inmigrantes que no tenían dónde refugiarse y necesitaban asistencia médica. Estaban carentes, tanto de medicamentos como de ayuda. En tiempos de guerra en Europa, estos eran los rechazados, los excluidos y perseguidos. Esto movió el corazón de esta humilde señora a la «acción». No se quedó en una simple curiosidad o en un sentir lástima por estas personas. Hoy esta señora ha «transformado» su estilo de vida para acoger a miles de inmigrantes, facilitándoles una nueva alternativa de vida, asistencia médica y, sobre todo, amor y acogida.

> Ver más allá de las palabras es «TRASCENDER».

AMOR EN LA ACCIÓN

Ha creado puentes de nuevas oportunidades para muchos con el simple hecho de ver más allá y arriesgarse. Lo logró una persona de más de 70 años de edad. ¿Todavía pensamos que estamos tarde y que no se puede? Ver más allá de las palabras es «TRASCENDER».

Ella pudo haberse conformado y quedado con la impresión de que muchos padecían de un mismo mal. Pero su perspicacia, inquietud y deseo de ayudar le hicieron descubrir la verdad. Para vivir la santidad, debemos transformar nuestras vidas para poder transformar otras. Debe haber un balance entre nuestra relación con Dios y con el prójimo. A veces vemos la santidad como algo inalcanzable. Y realmente está más cerca de lo que creemos. Está en la constancia de las buenas acciones y la buena comunicación con Dios.

Anímate a marcar la diferencia. Sé curioso(a). Lánzate a ver qué hay más allá de lo que una simple farmacia te puede mostrar. Usa los medicamentos del amor, la solidaridad, el servicio y la libertad que Dios te ha dado para que puedas curar los tantos corazones que aún esperan por ti. Ama, actúa y serás santo.

CITAS BÍBLICAS SOBRE LA SANTIDAD

«Así como aquel que los llamó es santo,
también ustedes sean santos en toda su conducta».
1 Pedro 1, 15

«Si ustedes, que son malos,
saben dar cosas buenas a sus hijos,
¡cuánto más el Padre celestial dará cosas buenas
a aquellos que se las pidan».
Mateo 7, 11

«Observa al inocente, fíjate en el bueno;
el que busca la paz, tendrá una descendencia».
Salmo 37, 37

«Así debe brillar ante los ojos de los hombres
la luz que hay en ustedes,
a fin de que ellos vean sus buenas obras
y glorifiquen al Padre que está en el cielo».
Mateo 5, 16

«Él transformará nuestro pobre cuerpo mortal,
haciéndolo semejante a su cuerpo glorioso,
con el poder que tiene
para poner todas las cosas bajo su dominio».
Filipenses 3, 21

«Y los santos del Altísimo recibirán la realeza,
y la poseerán para siempre, por los siglos de los siglos».
Daniel 7, 18

CONVERSA CON UNA PERSONA DE LA TERCERA EDAD. PÍDELE QUE TE CUENTE SOBRE ALGUNA GRAN HAZAÑA DE TRASCENDENCIA QUE HAYA LOGRADO.

Escúchala. Interésate por su historia.
Conversa con ella y luego dale las gracias.

RECOMENDACIÓN MUSICAL:
Tierno amar *Manny Rosado ft. Leonor Comprés (abuelita de Manny)*
Canción de cuna para mi abuela *Pavel Núñez*
Tratar de estar mejor *Diego Torres*

AMOR

¡DIOS ES WAO!

Yuan Fuei Liao

Al segundo libro que publiqué, hace ya varios años, lo titulé «¡Dios es wao!». Contenía cápsulas sencillas para presentar el amor de Dios a chicos y chicas con quienes me cruzaba en mis viajes. Para ello escogí unas citas bíblicas que reflejaban ese amor divino, y sobre ellas inventé unos spots. Desempolvé algunas de esas cápsulas para compartirlas en este artículo:

Dios todo lo puede • es omnipotente • por eso él puede • hacer volar los delfines • cubrir el sol con nieves eternas • crear huevos cuadrados • tocar una sinfonía con una guitarra de una sola cuerda • hacer que la lluvia caiga hacia arriba • clavar en el mar Caribe los picos del Himalaya • detener un asteroide con el dedo meñique • trasladar el mañana para antes de ayer • lograr que las piedras canten • pero... hay algo que Dios no puede hacer • ¡Dios no puede dejar de amarte!
«Aunque las montañas cambien de lugar y los cerros se vengan abajo, mi amor por ti no cambiará ni se vendrá abajo mi pacto de paz», lo dice el Señor, que tiene compasión de ti (Isaías 54, 10).

Muchos se imaginan a Dios • creando con maestría la belleza del universo • reinando con poder desde su trono majestuoso • juzgando con rectitud a todas sus creaturas • pero... ¿te imaginas a Dios fiestero saltando y bailando de alegría • cada vez que él te ve?
«El Señor, tu Dios, está en medio de ti, ¡como un héroe que salva! Él saltará de gozo al verte a ti y te renovará su amor. Por ti bailará y lanzará gritos de alegría como lo haces tú en el día de la fiesta» (Sofonías 3, 17).

¿Quieres ver el rostro de la persona que Dios más ama? • toma un espejo y mírate • ¡la persona más amada por Dios eres tú!
«Te tomaré a ti y serás para mí como un anillo con mis iniciales en mi dedo; pues a ti te he elegido», dice el Señor todopoderoso (Ageo 2, 23).

¿Por qué la lluvia llueve? • porque es lluvia • ¿por qué el fuego quema? • porque es fuego • ¿por qué el agua moja? • porque es agua • ¿por qué la luz alumbra? • porque es luz • ¿por qué el amor ama? • porque es amor • ¿por qué Dios te ama? • porque Dios es amor.
Dios es amor (1 Juan 4, 8).

Imagínate que estás en la montaña más grande del mundo • multiplica el tamaño de esa montaña por diez • y luego multiplícala por cien • imagina entonces que cada mil años vendrá un pajarito • se posará en la cima de la enorme montaña • y se rascará el piquito rozando la montaña • con el roce se llevará algunas partículas de tierra • que se le habrán adherido en el pico • esto se repetirá como ya te dije cada mil años • cuando la última partícula de tierra haya sido removida por el pajarito • y en consecuencia la montaña haya desaparecido • en ese momento • y solo entonces • habrá transcurrido apenas la mitad • del primer segundo en la cuenta de la eternidad • ¡Dios te ama con amor eterno!
«Yo te he amado con amor eterno; por eso te sigo tratando con bondad» (Jeremías 31, 3).

Para calificar en una universidad de gran prestigio hay que tener alto índice académico • para vivir en un lujoso hotel de cinco estrellas hay que tener mucho dinero • para sacar el premio mayor de la lotería hay que tener mucha suerte • para ganar un concurso de belleza hay que tener «buena presencia» • para figurar en el salón de la fama hay que tener celebridad • para ser una persona amada por Dios no hay que «tener» • Dios te ama como eres, sin condiciones • ¡para él eres toda una celebridad!
«No temas, que yo te he rescatado, te he llamado por tu nombre. Tú me perteneces. Eres precioso a mis ojos, eres de gran valor, y yo te amo» (Isaías 43, 1.4).

Cada quien tiene su función • el agricultor cuida la tierra • la chofer conduce automóviles • el médico sana a los enfermos • la artista diseña obras de arte • el mecánico arregla vehículos • ¿y cuál es el oficio de Dios? • ¡amarte!
Fiel es el Señor en todo lo que dice, amoroso en todo lo que hace (Salmo 145, 13b).

Dios decidió hacerse un tatuaje para engalanar su mano • revisó sus catálogos de diseño hasta dar con aquel que le luciría mejor en su mano • ese diseño que agradó a los ojos de Dios eres tú • ¡te ha grabado en su mano como un tatuaje!
«Yo te llevo tatuada en mis manos» (Isaías 49, 16a).

Si Dios llevara billetera seguramente guardaría allí una foto tuya • si Dios pegara calcomanías tendría una con tu nombre escrito • si Dios usara agenda todos los días estarían marcados para ti • tú eres una prioridad para Dios.
Empieza a hablar mi amado, y me dice: «Levántate, amada mía, hermosa mía y ven» (Cantar de los cantares 2, 10).

Aunque en el banco no tengas ninguna cuenta • Dios siempre te toma en cuenta • ¡para él, tú siempre cuentas!
«¿Acaso olvida una madre a su niño de pecho o deja de amar a su propio hijo? Pues, aunque ella lo olvide, yo no te olvidaré» (Isaías 49, 15).

Antes yo pensaba que el amor de Dios era como un pastel de cumpleaños • mientras más personas estamos, menos pedazo de pastel nos toca a cada uno • hoy entiendo que Dios no nos da pedazos de su amor • ¡a cada uno le regala un pastel completo! • el amor de Dios no se divide, más bien se multiplica • Dios te ama personalmente con la totalidad de su amor.
Si me abandonaran mi padre y mi madre, me acogería el Señor. ¡Tu amor vale más que la vida! (Salmo 27,10) (Salmo 63, 4a).

Dios es perfecto con un aparente «defecto» • sufre de «amnesia» • tiene mala memoria para recordar nuestros errores • luego que pedimos perdón.
Arroja nuestros pecados a las profundidades del mar (Miqueas 7, 19).

Dios tiene «insomnio voluntario» • nunca duerme • ¡porque vela por ti!
No deja que tu pie dé un paso en falso, no duerme tu guardián; jamás lo rinde el sueño o cabecea el guardián de Israel (Salmo 121, 3-4).

Un leproso rechazado por todos • Jesús lo cura • un mendigo ciego de nacimiento • Jesús lo cura • un paralítico con 38 años sin caminar • Jesús lo cura • un sordomudo con problemas de comunicación • Jesús lo cura • un hombre atormentado por demonios • Jesús lo cura • ¿lo cura o locura? • Jesús: locura incurable.
Nada podrá separarnos del amor de Dios manifestado en Cristo Jesús (Romanos 8, 39).

DE LO QUE SON CAPACES LAS PERSONAS CON DISCAPACIDAD

Manny Rosado

En las olimpíadas para personas con discapacidad, también llamadas «Olimpíadas especiales», nueve participantes con discapacidad intelectual compitieron en una carrera de cien metros planos. Todos corrieron hacia la meta, menos uno que tropezó abruptamente. El joven lloró. Todos los demás participantes, al escuchar el lamento de este chico, miraron hacia atrás. Se detuvieron y regresaron a ayudarle. Finalmente, todos se tomaron de los brazos y caminaron juntos hacia la meta.

LA VERDADERA VICTORIA

Queda demostrado que lo importante en esta vida no es lograr la victoria: es ayudar a que otros también puedan disfrutar del trayecto, aunque eso signifique que debamos reducir la velocidad y hasta cambiar el rumbo de hacia dónde nos dirigíamos en primera instancia. Si todos concordamos con esto, la pregunta clave que quiero que desglosemos es sobre si las personas que viven con algún tipo de discapacidad están siendo esperadas y tomadas en cuenta en la participación ciudadana de nuestro país. ¿Son tomadas en cuenta en la inserción laboral? En algo tan simple como la disponibilidad de espacios diseñados para que estas personas puedan realizar sus necesidades de movilidad, ¿son tomadas en cuenta al diseñar las infraestructuras peatonales?

LA REAL DISCAPACIDAD

Si las personas con algún tipo de discapacidad tienen tan clara la concepción de lo que es amar al prójimo y lo hacen con tanta naturalidad, ¿qué está impidiendo que nosotros podamos devolverles con la misma moneda?

Hace un tiempo estuve en un «Foro Nacional de Políticas Públicas Juvenil». Una joven, en silla de ruedas, expresó que se sentía cansada del desprecio y la discriminación que tienen para con ella y las personas con discapacidad en el país. Ella externaba que existe una cultura de ignorancia donde cada día se cree menos en las capacidades de estas personas. **¡Vamos! Despierta y rompamos con esta cultura destructiva.**

> Pero un día entendí que, si Jesús no les ha curado, es porque Jesús, que es amor, es parte de ellos».

OPORTUNIDADES DE AMOR

Jesús sanó a muchas personas con discapacidad, pero más que eso, les daba la oportunidad de crear una nueva vida en el amor de él. Pero ¿cuántos más conocemos que andan por ahí, que no han sido curados? ¿Qué puedes hacer desde tu realidad para ayudarlos?

Tuve un mentor en Taizé, Francia, mientras vivía una experiencia de trabajo social voluntario a través de la fe. Él me comentó lo siguiente sobre las personas con discapacidad: «A veces me cuestionaba mucho, ya que he tenido personas allegadas (su hermano) que viven en esas condiciones. Hasta había cuestionado a Dios sobre el porqué de estas personas que generalmente sufren mucho. Pero un día entendí que, si Jesús no les ha curado, es porque Jesús, que es amor, es parte de ellos».

¡PORQUE ESTAMOS CAPACITADOS!

A las personas con discapacidad, más que darles caridad, debemos ofrecerles oportunidades de crecimiento. Más que tenerles compasión, lo que requieren es comprensión e integración. Es esa la mejor muestra de «amor» que podemos brindarles. Además de todo esto, necesitan del apoyo contundente y efectivo de las autoridades, del estado y de la sociedad civil para que puedan desarrollarse en el proceso de integración e inclusión social.

«Condición no es limitación». No hay nada mejor que verlos sonreír dentro de su condición. Es como un renacer del corazón. Mi madre siempre me ha dicho: «Solos podemos llegar más rápido, pero juntos llegaremos más lejos». ¡Eso sí que es amor de verdad! Será así que, en la unidad en la diversidad, «todos ganaremos».

APRENDE SOBRE EL TEMA DE LAS DISCAPACIDADES Y LAS MANERAS CORRECTAS DE REFERIRSE A CADA UNA DE ELLAS.

RECOMENDACIÓN MUSICAL:
Solo pienso en ti *Víctor Manuel*
Amor del bueno *Manny Rosado*
Yo te amo *Celinés Díaz*

LIBRE, PARA ESCOGER EL BIEN

Yuan Fuei Liao

> *«Mira, yo he puesto hoy delante de ti*
> *la vida y el bien, la muerte y el mal...»*
> (Deuteronomio 30, 15)

Estando yo en Tijuana, visité la frontera de México con Estados Unidos. Ahí había un largo muro que llegaba a la playa e incluso se adentraba unos metros en el mar. De repente vi una gaviota que volaba cruzando de México a Estados Unidos y luego regresaba a México para volver a pasar a Estados Unidos, y de nuevo a México... Creí que era Juan Salvador Gaviota: las fronteras no la detenían, se burlaba de los límites artificiales. ¡Disfrutaba la libertad!

«Facultad que tiene el ser humano de obrar o no obrar según su inteligencia. Estado o condición del que no está prisionero o sujeto a otro. Ausencia de coacción y subordinación. Facultad que se disfruta en las naciones bien gobernadas, de hacer y decir cuanto no se oponga a las leyes ni a las buenas costumbres. Confianza, franqueza. Osada familiaridad». Esas son, según el diccionario, algunas de las definiciones de la palabra «libertad».

LIBERTAD: ESCOGER EL BIEN

Me gusta decir que la libertad no es hacer lo que uno quiera, sino la facultad que tiene el ser humano para escoger el bien. En ese sentido, puede darse el caso de que una persona tenga «ausencia de coacción y subordinación» y, sin embargo, no sea «libre»; quizás porque sufre de otro tipo de coacción o subordinación (en la mente, en el alma) que lo incapacita para escoger el bien. Por eso, Emilio Prud'Homme, entre los versos del Himno Nacional Dominicano, plasmó: «Ningún pueblo ser libre merece si es esclavo, indolente y servil...». Un ejemplo de esto es el antiguo pueblo de los hebreos. Luego de salir de la esclavitud a la que les habían sometido los egipcios, tuvieron que «purificarse» dando vueltas en el desierto por cuarenta años. Necesitaban aprender a vivir como personas libres, antes de entrar en su tierra prometida, porque todavía tenían mentalidad de esclavos: soñaban con volver a Egipto.

Un ancestral cuento oriental nos ilumina más sobre la falta de libertad en la mente:

LOS DOS MONJES

Dos monjes iban cruzando un río. Encontraron a una joven hermosa que también quería cruzar, pero tenía miedo. Uno de los monjes la subió sobre sus hombros y la llevó hasta la otra orilla. Furioso, el otro no dijo nada. Un monje budista no debía tocar a una mujer. Cuando llegaron al monasterio, el monje enojado se volvió hacia el otro y le dijo: «Tendré que decírselo al maestro, informarle que has violado un precepto». «¿De qué estás hablando? ¿Qué hice?», le preguntó el otro. «¿Te has olvidado? Llevaste a esta hermosa mujer sobre tus hombros», respondió el enojado. El otro monje se rio: «Sí, yo la cargué, pero la dejé en el río. Tú todavía la estás cargando».

Hace años fui a compartir un retiro espiritual con los encarcelados en el centro de detención de La Victoria. Al final, uno de los reclusos se levantó para dar su testimonio: «Doy gracias a Dios porque caí en esta cárcel, porque aquí encontré la libertad. Y aunque estoy encerrado en estos muros, aquí me siento más libre que cuando vivía fuera de la cárcel, pues en este lugar me encontré con Jesucristo».

Su testimonio me confirmó que la verdadera prisión no es de muros o rejas, sino que está entre ceja y ceja: en la mente. Y que una verdadera libertad se vive con el encuentro auténtico con Jesucristo: *«Para ser libres nos libertó Cristo Jesús: no se dejen esclavizar por nada»* (Gálatas 5,1).

Jorge Bucay es muy conocido por sus libros. En «Recuentos para Demián» encontramos el siguiente relato.

EL ELEFANTE ENCADENADO

«Durante su función de circo, el enorme elefante hacía despliegue de su peso, tamaño y fuerza descomunal. Pero después de su actuación, el elefante quedaba sujeto solamente por una cadena que aprisionaba una de sus patas a una pequeña estaca clavada en el suelo. La estaca era solo un minúsculo pedazo de madera apenas enterrado unos centímetros en la tierra. Y aunque la cadena era gruesa y poderosa parecía obvio que ese animal, capaz de arrancar un árbol de cuajo con su propia fuerza, podría con facilidad arrancar la estaca y huir. ¿Por qué no huye? Alguien había sido lo bastante sabio como para encontrar la respuesta: el elefante del circo no escapa porque ha estado atado a una estaca parecida desde que era muy, muy pequeño».

Ese elefante amaestrado representa a las personas que, aun teniendo el poder, no hacen uso de su capacidad para escoger el bien, por condicionamientos de diversas índoles. Para los cristianos, la fuerza para escoger el bien es la libertad que otorga el Espíritu de Jesús de Nazaret.

Una persona íntegramente libre (que sabe escoger el bien) es capaz de influenciar en la sociedad, llevándola a su liberación. Sobre eso, escribí el siguiente cuento que forma parte del libro «Cuentos sin ningún porqué», de mi autoría, publicado por Editorial Santillana.

MONO POLIO Y MONO SÍLABO

Por aquellos tiempos antiguos, el rey de los monos se llamaba Mono Polio. Tener el orden de todo y dar órdenes a todos eran sus dos principales deleites. Mandaba y daba órdenes, mandaba y daba más órdenes, más mandaba y más daba órdenes... Tanto lo hacía que todo se convirtió en un monólogo: solo el rey Mono Polio hablaba. Los demás monos se limitaban a asentir con la cabeza: «Sí, sí, sí».

A Mono Polio se le ocurrió decretar que los mejores guineos, los más grandes y sabrosos, eran solo para él, exclusivamente para él. Los demás monos dijeron que sí con sus cabezas. El hambre se adueñó del reino de los monos, que se volvían cada vez más flacos. El único que comía bien era el rey.

Pero un día, un mono guardia dijo que había visto a un mono joven saboreando unos guineos grandes y exquisitos. Mono Polio, enfurecido, preguntó por el nombre de ese mono joven y transgresor. «Se llama Mono Sílabo», le respondió el guardia.

El rey ordenó que arrestaran a Mono Sílabo para interrogarlo...

—¿Es cierto que estabas comiendo guineos grandes y sabrosos? —preguntó Mono Polio con mirada amenazante a Mono Sílabo.
—Sí —respondió con una sola sílaba.
—¿Pero sabes quién es el rey de los monos?
—Tú.
—¿Acaso no sabes que he decretado que solo el rey (o sea, yo) puede comer guineos grandes y sabrosos?
—¿Sí?
—¿Y quién estaba comiendo guineos grandes y sabrosos? —preguntó Mono Polio con rabia.
—Yo.
—¿Y quién es el rey? ¿Tú o yo?
—Tú.
—Luego, no eres rey.
—No.
—¿Pero cuántos guineos grandes y sabrosos llegaste a comer?
—Seis.
—¿Y todos los cogiste de mi jardín?
—Sí.
—¿Por qué respondes con monosílabos? ¿No sabes decir otra cosa?
—No.

El rey Mono Polio estaba perdiendo la paciencia. Se enfurecía más y más. Continuó con más preguntas:

—¿Vas a seguir comiendo guineos grandes y sabrosos?
—Sí.
—¡Me estás desafiando! ¡Eres un peligro público! ¿Vas a hacer que otros sigan tu mal ejemplo?
—¿Sí?
—¿Conque sí? ¿Y quién, además de ti, va a comer guineos grandes y

sabrosos? —preguntó el rey Mono Polio, ya fuera de sí.
—Él —respondió Mono Sílabo, señalando, detrás de él, a un mono pequeño con cara de hambre.

Y detrás del mono pequeño estaba una mona pequeña, también con hambre. Y detrás de ellos aparecían otros monos pequeños y monas pequeñas: una gran multitud de monos hambrientos que se dirigían en fila hacia el jardín del rey.

—¡Deténganlos a todos! —ordenó el rey Mono Polio, con cara colorada y desencajada.

Los guardias, al ver a esa multitud, por primera vez se atrevieron a desobedecer a Mono Polio: moviendo sus cabezas dijeron que no. En vez de detener la procesión de los hambrientos, les abrieron las puertas del jardín del rey.Todos entraron y comieron: se apoderaron de los mejores guineos, los más grandes y sabrosos. Y se apoderaron del reino, diciendo a viva voz: «¡Sí!, ¡sí!, ¡sí!».

Mahatma Gandhi, Martin Luther King y monseñor Romero hablaban de «desobediencia civil», esto es cuando la gente decide desobedecer una ley injusta y lo hace públicamente, aun sabiendo las consecuencias. Requiere una mente clara, mucho valor y un atrevido uso de la libertad. La idea es traer cambios que benefician al pueblo, como lo hizo Mono Sílabo. Sería bueno preguntarnos: ¿Qué me hace falta para ser más libre, para escoger siempre el bien? ¿Hay alguna situación en nuestra sociedad que merece desobediencia civil? ¿Estaríamos dispuestos a hacer algo así si fuera necesario?

LA LÍNEA DE LA VIDA

Manny Rosado

A veces decimos cosas sin pensar. ¿Te ha pasado? ¿Ha traído esto algún tipo de consecuencia a tu vida? Esto se debe a que muchas veces nos dejamos arrastrar por las emociones y los sentimientos que ocasionan situaciones de problema, angustia y dificultad.

EL «NO» DE LA DISCORDIA

Controlar nuestras emociones no es tarea fácil. Recuerdo aquel día que tuve un gran problema de comunicación con mi hermano. Estábamos en medio de una conversación cotidiana en el que él respondió con un rotundo «NO» ante una solicitud de su apoyo que le hice. Aún yo teniendo gran parte de la razón, mi cerebro se bloqueó y me hizo explotar: le dije a mi hermano un sinnúmero de barbaridades. Tuve la «libertad» de elegir dos opciones de accionar ante ese estímulo: pelear o responder con asertividad. Elegí accionar con ira. Pasadas las horas, reflexioné sobre mi accionar y le ofrecí mis disculpas. Ahí me di cuenta de que estaba viviendo «arriba» de la línea.

¿DÓNDE ESTÁS VIVIENDO?

Tenemos dos opciones en la vida: vivir debajo de la línea o vivir arriba de la línea. Al principio de la situación, estuve viviendo debajo de la línea, pues opté por culpar a mi hermano por mi reacción de ira. Vivir debajo de la línea es echar la culpa a los demás, justificarlo todo, negar nuestra responsabilidad, ser indiferente y renunciar. Muchas situaciones de conflicto se dan por traspasar nuestra «responsabilidad» a factores externos.

En República Dominicana, según estadísticas presentadas por World Vision en la campaña «Ayuno Solidario», 67.3% de los padres consideran que el castigo físico es la mejor forma para corregir a sus hijos(as) y se calcula que anualmente entre 100 y 200 millones de niños y niñas presencian violencia entre sus progenitores o cuidadores de manera frecuente. Esto es vivir debajo de la línea.

VIVIR ARRIBA DE LA LÍNEA

Es simple: consiste en vivir con «responsabilidad», que es la habilidad de dar respuestas asertivas ante cualquier tipo de situación. Para esto es necesario tener control interno y estar abiertos a la reflexión. En junio del 2013, el papa Francisco llamó la atención de más de 9,000 estudiantes de colegios jesuitas de Italia y Albania. Les motivó a trabajar para mejorar el mundo: **«Ante todo, ¡sed personas libres!,** explicando que la libertad significa saber reflexionar sobre lo que se hace».** Todos somos libres de expresar lo que hay dentro de nuestro corazón. Es por esto que debemos reflexionar sobre el mensaje a transmitir ante las situaciones, para luego no volvernos esclavos de nuestras palabras. Pensar si lo que voy a decir destruye o construye...

MI CEREBRO

Nuestro cerebro parece estar computado para «dar respuestas». Cuando conversamos con alguien, es preciso «desprogramar» nuestro cerebro. Si te pasa que, cuando hablas con alguien, ya estás pensando en lo que le vas a responder, no estás conversando. No estás escuchando. Es preciso detenernos a escuchar para luego, con reflexión y amor, responder y abordar a la persona.

LA IGLESIA NOS HABLA DESDE SU SABIDURÍA

El artículo 3, titulado «La libertad del hombre», del Catecismo de la Iglesia Católica, nos dice que la libertad es el poder, radicado en la razón y en la voluntad, de obrar o de no obrar, de hacer esto o aquello, de ejecutar así por sí mismo acciones deliberadas. Y nos habla de esta «responsabilidad» de vivir arriba de la línea cuando dice: «La libertad hace al hombre responsable de sus actos en la medida en que estos son voluntarios».

LA LIBERTAD ES UNA ELECCIÓN

Cuando conversamos, debemos abrirnos a la «escucha activa», esa que nos permite analizar y procesar el mensaje para luego responder con propiedad, sin prejuicios, ni estigmatizaciones y de manera efectiva. Hay maneras y hay formas de decir las cosas. **¡No es tener la razón, es saber exigir la razón! «No hay verdadera libertad sino en el servicio del bien y de la justicia».**

Te invito a que te des la oportunidad de escuchar más, hablar menos, y responder siempre con amor. «La libertad es una elección». Y tú, ¿qué eliges: vivir arriba o debajo de la línea?

BUSCA UNA HOJA DE PAPEL.

Divide la hoja dibujando una línea horizontal en el medio. Debajo de la línea, escribe cuatro situaciones en las que has vivido debajo de ella (echar la culpa, justificación, negación y renuncia). Luego, arriba de la línea, escribe acciones para poder mejorar las situaciones que están debajo de la línea. Comprométete a cumplirlas.

RECOMENDACIÓN MUSICAL:
Amor y perdón *Pavel Núñez*
Tú me das *Manny Rosado*
Eres tú *Mi Sostenido*
Allí estabas tú *Robert Reyes*

OPTI-
MISMO

NO ES LO MISMO CON OPTI QUE CON PESI

Yuan Fuei Liao

> *¿Quién dijo que todo está perdido?*
> *Yo vengo a ofrecer mi corazón.*
> Fito Páez

Se asegura que es lo último que se pierde. Algunos alegan que es una especie en peligro de extinción. ¿Un bicho verde de seis patas que hace chillar a una niña que conozco? ¿Un tema de Diego Torres? ¿Una de las tres virtudes teologales? ¡La esperanza!

Cada mañana uno lee los titulares y nota que el ambiente está «caldeado» (¿estaremos viviendo en la bíblica Caldea?), que todo pinta color de crisis, que la «espiral de violencia» nos va envolviendo, que la economía continúa «su vertiginoso descenso», que ya «e'to e' lo último»... Algunos, más privilegiados, se enteran de las noticias por el iPad y apenas alcanzan a balbucear: «iPapá». ¡Ay! Parece que el pesimismo se obsesiona por instalarse en nuestro pensamiento.

ESPERANZA VERSUS DESESPERANZA

La mente es el cuadrilátero en donde se enfrentan dos contrincantes de lucha libre. En esta esquina: la desesperanza, con su entrenador, el pesimismo. En esta otra esquina: la esperanza, con su entrenador, el optimismo.

Es una batalla diaria en la que algunos sucumben ante el pesimismo: se dejan llevar por las leyes de Murphy. Ya comentaba el Nobel de Literatura, José Saramago, con evidente incertidumbre: «Creo que la humanidad no tiene remedio». Sé de una joven a quien sus amigos la llaman «Isi». No es su nombre real. Explico: se planeaba un concierto al aire libre, y ella titubeaba: «¿Y si llueve?». Se organizaba una rifa, y ella recalcaba: «¿Y si a la gente no le gustan esos premios?». Se planificaba una reunión familiar en la noche, y ella dudaba: «¿Y si se va la luz?»...

Por mi parte, sigo apostando por la esperanza. No me fío de las malas noticias. Ayer vi a una romántica pareja de ancianos (no quise decir «viejitos») caminar tomados de la mano, un grupo de jóvenes visitó un hospital para llevar aliento a los enfermos, una chica fue a comprar pan al colmado y obsequió una sencilla sonrisa al pulpero, un muchacho llenó un carrito de supermercado y regaló toda esa compra a una familia necesitada... Ellos son buenas noticias que no saldrán en la prensa. Ellos son personas activas que no regatean la esperanza. Ellos creen en el optimismo. Ellos son más.

EL PUNTO, LA HOJA Y QUIEN LA SOSTIENE

El pesimismo pesa lo mismo que la desesperanza, mientras que el optimismo posee la misma óptica esperanzadora de los vencedores. Un ejemplo:

Alguien coloca un punto en el medio de un papel. El pesimista ve un punto afeando la página. El optimista ve una hoja con un puntito. Yo quiero ir más allá: ¡veo a la Persona que sostiene la hoja! Es un asunto de visión, de mirada, de óptica. «Cambiamos cuando cambia nuestra mirada» (José Antonio Pagola). Nuestro amigo Ambiorix Padilla lo expresa cantando: «Deja de ver los fallos como calamidades porque no son desgracias, son oportunidades» (canción «Hay que alzar el vuelo»). Tú eliges.

ACTIVA Y PARTICIPATIVA

La palabra esperanza me evoca otras dos palabras: esperar y labranza. Mientras la primera palabra denota pasividad (si quieres, puedes tomar una silla para esperar), la segunda sugiere actividad (cultivar la tierra). ¿Será que la esperanza tiene un ingrediente activo? Antes se decía: «Hacer todo como si todo dependiera de nosotros, y esperar confiadamente como si todo dependiera de Dios». Es que estamos llamados a trabajar la tierra, a hacerla más habitable, más digna.

En medio de una crisis en España, se pidió la opinión a una señora. Ella contestó: «Claro que saldremos de esto; si pudimos superar hasta una guerra civil, ¿cómo no venceremos esta crisis? Lo haremos entre todos. Yo pongo mi parte».

Sigamos soñando que otro mundo es posible, como Martin Luther King («I have a dream»). No permitamos que se duerman nuestros sueños. Para eso, labremos la esperanza y el optimismo.

¿UN GRAFFITI BAJADO DEL CIELO?

Hace unos años, estando de visita en Barcelona, fui a pasear a La Rambla. Recién había visto unas escenas desalentadoras que me afectaron profundamente. Mientras cavilaba en ello, de repente vi un graffiti garabateado en un muro: «Si piensas que todo está perdido, recuerda que aún quedas tú». Quedé impactado con ese mensaje. Fue como si me lo hubieran enviado desde «arriba».

¿La esperanza es lo último que se pierde? Recuerda que aún quedas tú. Y yo también. Hagamos nuestra parte. ¿Vamos juntos?

EL ZORRO Y EL TIGRE

Termino con un cuento. Algunos afirman que es chino; otros, que es de origen sufí. Lo importante es que contiene una enseñanza universal:

Uno que paseaba por el bosque vio un zorro que había perdido sus patas. El hombre se preguntaba cómo podría sobrevivir. Entonces vio llegar a un tigre que llevaba una presa en su boca. El tigre ya se había hartado y dejó el resto de la carne para el zorro. Al día siguiente sucedió lo mismo: el zorro comió de lo que le trajo el tigre. Aquel hombre comenzó a maravillarse y pensó: «Voy también a quedarme en un rincón, confiando plenamente en Dios, y él me dará cuanto necesito». Así lo hizo durante unos días, pero no sucedía nada. El pobre hombre estaba casi a las puertas de la muerte cuando oyó una voz: «¡Necio, abre tus ojos a la verdad! Sigue el ejemplo del tigre y deja ya de imitar al pobre zorro mutilado».

MOVIMIENTOS QUE GENERAN CAMBIOS

Manny Rosado

Cuando hablamos de «movimiento», enseguida pensamos en algo que, de una o de otra manera, está experimentando un cambio de posición o está recorriendo una trayectoria. Si adicionamos la palabra «social», un movimiento social, ¿podría ser descrito como el cambio de posición de la sociedad? Al parecer, nos estamos acercando a una definición. Para concretar, nos atrevimos a realizar esta pregunta a Bienvenido Jiménez, representante de la Red Nacional de Ayuntamientos Juveniles y Panel Consultivo de Jóvenes en República Dominicana. Nos expresó: «Los movimientos sociales son agrupaciones de individuos u organizaciones que parten de las necesidades de los ciudadanos de expresar ideas que transformen sistemas actuales de administración en áreas que estén destinadas a la población».

MOVIMIENTOS QUE IMPACTAN GENERACIONES

El tema de los movimientos sociales dominicanos es un tema de actualidad, pero no viene de ahora. Basta con remontarnos a una de las razones primarias por la que hoy somos una nación libre y soberana: la sociedad secreta «La Trinitaria». Fue fundada por Juan Pablo Duarte, nuestro padre de la patria, junto a JÓVENES instruídos por él, con el propósito de independizar la República Dominicana de la dominación haitiana. Otro ejemplo de empoderamiento y movilización fue el movimiento de campesinos que se enfrentó a las fuerzas de intervención norteamericana en el 1916.

Pero no tenemos que irnos tan lejos. Si nos situamos en la era del tirano Rafael Leónidas Trujillo, movimientos como el 14 de Junio, expedición militar de Constanza, Maimón y Estero Hondo, Cayo Confites y Luperón (todos liderados por jóvenes) lograron el cometido de acabar con 31 años de régimen dictatorial, que para muchos parecía ser de nunca acabar.

MOVIMIENTOS QUE ACCIONAN

Hoy el país cuenta con varios movimientos sociales que se movilizan con el objetivo de lograr un despertar en nuestra nación. **La Marcha Verde** (en contra de la impunidad). **Levántate** (busca evitar la explotación minera en Loma Miranda). **Foro Ciudadano** o mejor conocido como el 4% (precursor de la campaña de movilización social en pro del 4 % del PIB para garantizar una educación digna) y **Protección del Parque Nacional de los Haitises.** Son movimientos que, guiados por un interés colectivo y empoderados, han servido de agentes movilizadores para lograr grandes transformaciones sociales, esas de las cuales tanto se pregonan en el mundo político/empresarial y en muy pocas ocasiones se concretan y se ponen en evidencia.

Estos movimientos sociales han tomado un gran auge debido a que más y más jóvenes están tratando de marcar un cambio sustancial en la forma en la que se están haciendo las cosas en nuestra sociedad. Sin duda alguna, nuestros jóvenes han emprendido una lucha social que ha surgido de la «visión ideal» de la sociedad que queremos, en comparación a la que nos encontramos ahora.

NOS IMPULSA LA CAUSA

Casi todos estos movimientos son integrados por voluntarios que no reciben ningún tipo de ingreso o remuneración monetaria. Sin embargo, siguen impulsando sus ideas a través de manifestaciones que mueven y empoderan al pueblo que no posee las mismas oportunidades que una minoría.

Existen otros movimientos conocidos como «movimientos de Iglesia» que trabajan a nivel social brindando a los jóvenes una gran oportunidad de marcar un hito en sus vidas. Es el caso del Movimiento Onda Juvenil Católica (OJC), que tiene ya más de 30 años trabajando para el bienestar de los jóvenes y la familia en Centroamérica, México y República Dominicana. Brinda la oportunidad de poder hacer un trabajo orientado a los valores y acercando los lazos familiares de padres-madres-hijos. Abre la posibilidad de que los jóvenes se inserten al mundo artístico sano, como música, danza, teatro, pantomima, diseño gráfico, entre otras manifestaciones.

También realizan labores sociales en asilos de ancianos, hospitales, sectores marginados, partiendo de un grupo llamado S.O.S (Somos Ondinos Sociales).

EL IMPACTO SOSTENIBLE

¿Qué tipo de repercusiones han tenido a nivel social estos movimientos? Para poder responder, quisimos dar con la respuesta, preguntándole a Isabel Hernández (YAP/UNFPA de Naciones Unidas, Cruz Roja Dominicana, Instituto de Acción Comunitaria). Ella explicó: «Los movimientos sociales han logrado crear y que se apliquen normas legislativas, conquistar espacios de toma de decisión en escenarios políticos y civiles, incidencia en organismos internacionales, sanciones a los gobiernos que incumplen con sus mandatos».

> Los movimientos sociales andan en búsqueda del «desarrollo humano», que es la expansión de las libertades reales de las personas para llevar una vida prolongada, saludable y creativa.

SER-VICIO

Hay una palabra clave que toma protagonismo en lo que son los movimientos sociales dominicanos: «ser-vicio». Decimos que la juventud dominicana quiere «ser-viciosa» a la hora de proponer el cambio, la trasformación y la mejora continua de nuestro país, para así poder asegurar un conjunto de libertades que por derecho debemos tener. De esa manera aseguramos la vida y la dignidad.

Los movimientos sociales andan en búsqueda del «desarrollo humano», que es la expansión de las libertades reales de las personas para llevar una vida prolongada, saludable y creativa. Desean conseguir las metas que consideran valiosas, y participar activamente en darle forma al desarrollo de manera equitativa y sostenible en un planeta compartido.

ACCIONES QUE CAMBIAN VIDAS

Hace poco tiempo, Unicef y PNUD realizaron un taller con los representantes de los diferentes movimientos juveniles del país. En esa actividad había más de 26 movimientos sociales y organizaciones representadas. A raíz de este encuentro, los participantes decidieron unificarse para trabajar juntos hacia un mismo fin: abogar por los derechos y deberes de nuestros ciudadanos, y velar por el cumplimiento de leyes y normas. Que nuestro país y sus integrantes alcancen ese desarrollo humano tan deseado.

MOTIVACIÓN A MOVILIZARNOS

Se necesitan jóvenes que asuman el compromino, no que sólo consuman. Que no permitan que el concepto de que vivimos en una isla, nos aisle de las realidades sociales que debemos de abordar. Tenemos que trabajar paso a paso, rompiendo con los antiguos paradigmas del «no se puede», del pesimismo.

Tú eres el cambio que quieres ver y ser. El ayer ya fue. El mañana es incierto. Pero el hoy sí lo podemos controlar y trasformar. Hoy es el mejor momento para comenzar y hacer de nuestro país un lugar mejor, con las mismas oportunidades para todos y todas.

Ernesto Guevara dijo: «Seamos realistas y hagamos lo imposible». ¿Qué esperas para empezar?

INVOLÚCRATE Y COMPROMÉTETE CON UNA FUNDACIÓN,

movimiento social o eclesial, y comienza a generar cambios significativos en tu sociedad.

RECOMENDACIÓN MUSICAL:
Movimiento Jorge Drexler
Home Phillip Phillips
La paz retornará Manny Rosado
A change is gonna come Sam Cooke

GENERO-
SIDAD

UN «GEN» CONTRA LA CARDIOESCLEROSIS

Yuan Fuei Liao

El mono araña es un pequeño animal autóctono de América. Es tan veloz que resulta muy difícil de atrapar; pero alguien descubrió el mejor método para capturar al esquivo animal: si se coloca un maní dentro de una botella transparente que tenga la abertura angosta, y uno espera, se puede atrapar al mono araña. ¿Qué sucede? El mono mete la mano dentro de la botella para agarrar el maní y no podrá sacarla mientras su mano esté cerrada y sosteniendo su maní. La botella es tan pesada que el mono no la puede arrastrar. El animal es tan persistente que rehúsa soltar el maní una vez que esté en su poder. No suelta su único maní. Así es atrapado.

Uno se puede reír del mono y pensar que es tonto: para librarse de la trampa solo tiene que soltar el maní y fácilmente podrá sacar su mano. Pero lo cierto es que nosotros, los seres humanos, con frecuencia caemos en la misma trampa o en la misma insensatez: nos aferramos tanto a las cosas, que terminamos siendo esclavos de ellas. Llegamos a no tener las cosas, sino a dejar que las cosas nos tengan a nosotros.

Es la avaricia. Es el afán o deseo desordenado de poseer cosas con la intención de acumularlas para uno mismo. Es la incapacidad de soltar para compartir, para dar, para ser generoso. La generosidad es, precisamente, el hábito de dar o compartir con los demás. Ser generoso es ser dadivoso: tener la capacidad de dar, como consecuencia del amor. Es una de las cualidades del carácter de Dios. De hecho, uno de los versículos más conocidos de la Biblia es Juan 3, 16: *«Tanto amó Dios al mundo que dio...»*. Dios siempre da. Como él es permanentemente generoso, nosotros que tenemos el «gen» suyo, hemos de practicar la generosidad: el ser humano, como imagen y semejanza de Dios, encuentra su alegría en el darse.

Parece una expresión propia de un boxeador, pero en realidad es una de las frases más emblemáticas del cristianismo: *«Hay mayor dicha en dar que en recibir»* (Hechos 20, 35).

CIELO E INFIERNO

Una leyenda china nos presenta la diferencia entre el cielo y el infierno:

Cierto día, un sabio visitó el infierno. Allí, vio a mucha gente sentada en torno a una mesa ricamente servida. Estaba llena de alimentos apetitosos y exquisitos. Sin embargo, todos los comensales tenían cara de hambrientos y el gesto demacrado. Tenían que comer con palillos; pero no podían, porque eran unos palillos tan largos como un remo. Por eso, por más que estiraban su brazo, nunca conseguían llevarse nada a la boca. Impresionado, el sabio salió del infierno y subió al cielo. Con gran asombro, vio que también allí había una mesa llena de comensales y con iguales manjares y los mismos palillos largos. En este caso, sin embargo, nadie tenía la cara desencajada. Todos los presentes lucían un semblante alegre, respiraban salud y bienestar por los cuatro costados. Y es que allí, en el cielo, cada cual se preocupaba de alimentar con los largos palillos al que tenía enfrente.

De este cuento se deduce que el infierno es la ausencia total de generosidad, mientras que el cielo es la vivencia del compartir.

OFRENDÓMETRO

San Pablo, en la Biblia, dijo una frase contundente: *«La raíz de todos los males es el apego al dinero»* (1 Timoteo 6, 10). De esa ambición brotan guerras, mentiras, injusticias y corrupciones. Ese apego produce «cardioesclerosis»: endurecimiento del corazón ante las necesidades de los demás. Frente a este mal de la cardioesclerosis, afortunadamente cada vez se ven más jóvenes involucrados en el trabajo social, una nueva generación dando generosamente de lo que tiene. La generosidad es lo contrario del apego: produce libertad para servir más y mejor.

Hay quienes dicen que, a la hora de valorar lo que damos, se ha de usar un «ofrendómetro» invisible. Este ofrendómetro no mide tanto lo que entregamos, sino lo que se queda en nuestros bolsillos. Por ejemplo:

Jesús estaba una vez sentado frente a los cofres de las ofrendas, mirando cómo la gente echaba dinero en ellos. Muchos ricos echaban mucho dinero. En esto llegó una viuda pobre, y dejó en uno de los cofres dos moneditas de cobre, de muy poco valor.

Entonces Jesús llamó a sus discípulos y les dijo: *«Les aseguro que esta viuda pobre ha dado más que todos los otros que echan dinero en los cofres; pues todos dan de lo que les sobra, pero ella, en su pobreza, ha dado todo lo que tenía para vivir»* (Marcos 12, 41-44).

El culmen de la generosidad no se trata, pues, de apantallar con cantidades llamativas, sino de procurar el bien ajeno aun a costa del propio.

LA PUREZA DE INTENCIÓN

De lo anterior se desprende que la generosidad no consiste solo en dar; tiene que ver, más bien, con la pureza de intención en ese dar. Hay quienes se muestran muy «generosos» con el fin de ser elogiados por la sociedad. Estos traicionan el espíritu de la generosidad, que no muestra nada de ostentación sino de solidaridad.

Una persona generosa no consiente en tener dos raciones de comida cuando a su lado hay quienes no tienen para comer. Una persona generosa es alguien que se hace *«pobre en el espíritu». Según Jesús, son dichosos y felices los «pobres en el espíritu porque de ellos es el Reino de los Cielos»* (Mateo 5, 3). Para que no haya lugar para confusiones: pobre en el espíritu no es el que menos tiene, sino el que menos necesita; no es un miserable, sino un «rico espiritual» porque su riqueza consiste en saber dar y darse a los demás. La pobreza evangélica, de la que nos habla Jesús, es el estilo de vida de la generosidad que no busca aparentar, sino que se goza en el dar.

RECURSOS, TIEMPO, SERVICIO, SOLIDARIDAD

Podemos practicar la generosidad en dar no solo lo «efectivo» sino también lo «afectivo». La generosidad se manifiesta en pasar tiempo de calidad con quienes nos necesitan, en el servicio desinteresado, en dar de los recursos materiales y en compartir solidariamente el sufrimiento de otros para que sean más llevaderos. Decía el mártir Óscar Arnulfo Romero, verdadero profeta de nuestros tiempos: «El cristiano que no quiera vivir este compromiso de solidaridad con el pobre no es digno de llamarse cristiano... No es justo que unos pocos tengan todo y lo absoluticen de tal manera que nadie lo pueda tocar, y la mayoría marginada se está muriendo de hambre... Se hacen fiestecitas muchas veces de Navidad, de cumpleaños, piñatas, y se creen que son grandes bienhechores aquellos que dan una fiestecita de esas cuando no pagan lo justo a sus trabajadores. Quieren dar de caridad lo que ya se debe de justicia».

HASTA QUE DUELA

¿Hasta dónde tenemos que dar generosamente? Madre Teresa de Calcuta ha dado su respuesta: «Dar hasta que duela». En eso consiste la entrega generosa. Incluso, más allá del dolor, seguir dando. Es el ejemplo que Jesús nos dio: nos amó hasta el extremo de dar toda su vida, pasando incluso por el terrible dolor de la cruz.

Otro ejemplo de la misma madre Teresa de Calcuta está en la siguiente anécdota:

Una señora, impresionada por verla limpiar a un leproso, le dijo: «Yo no limpiaría a un leproso ni por un millón de dólares». La madre Teresa le contestó: «Yo tampoco. Esto se hace por amor».

En definitiva, la generosidad es desprendimiento (no aferrarse, como el mono araña a su maní), por nuestra libertad y por amor a los demás. Es un «gen» contra la «cardioesclerosis».

DA HASTA QUE TE DUELA

Manny Rosado

Recientemente estuve sacando «ropa vieja» de mi closet para regalar a personas que la necesiten. Mientras iba sacando la ropa, pensé: «¿Estoy dando de lo que me sobra o estoy dando de lo que no tengo, de lo que realmente me duele?». Me invadió esa pregunta todo el día.

LA RESPUESTA INMEDIATA

La respuesta a mi incógnita fue más rápida de lo que esperaba. Precisamente, la lectura bíblica de ese mismo día decía: «Jesús llamó a sus discípulos y les dijo: "Les aseguro que esa pobre viuda ha echado en el arca de las ofrendas más que nadie. Porque los demás han echado de lo que les sobra, pero esta, que pasa necesidad, ha echado todo lo que tenía para vivir"» (Marcos 12, 38-44).

A la hora final de nuestro recorrido temporal por la Tierra, Dios no nos preguntará qué tanto dimos, sino qué tanto corazón pusimos a lo que entregamos. Es un llamado a ser más como esa viuda, que abandonó las cadenas de lo material para hacerse libre en la verdadera solidaridad; darlo todo para recibirlo todo: «la gracia del Padre».

LOS PEQUEÑOS GRANDES DETALLES

No hay que esperar a hacer el gran aporte económico al que necesita. Se puede comenzar siendo generoso con un abrazo y ofrecer el perdón al hermano que te ha traicionado. Con un beso a ese padre que no aprendió a besar. Un «te amo» a una madre que está sufriendo. Oye… los «pequeños» detalles son «grandes» en impacto y resultado. Un amigo me comentó llorando que, en 28 años, su padre nunca le había dado un regalo, ni siquiera en el día de su cumpleaños. Era una pena que él traía consigo desde siempre. Me dijo que cuando cumplió 29 años, su padre lo llevó hacia el closet de su habitación para darle su primer regalo. Le mostró toda la ropa que él tenía y le dijo: «Hijo, como hoy es tu cumpleaños, te motivo a que tomes una de las camisas de mi closet. La que quieras». Esto le destrozó el corazón a mi amigo. Me dijo: «Mi papá nunca se había dignado a regalarme algo y cuando lo hace, termina dándome algo usado. Lo que le sobraba».

Esto mismo pasa muchas veces con nuestro accionar. En vez de hacer algo nuevo, diferente, innovador por los demás, nos conformamos con hacer lo mismo y quizás poniéndole poco corazón. No sacamos el suficiente tiempo de calidad para dedicarlo a personas y circunstancias que sí valen la pena.

> La vida nos va dando señales a diario de cómo podemos ser más agradecidos y de cómo podemos ser más generosos para bendecir a otros.

Mucho tiempo de ocio nos suele arropar y dominar. Entendamos que las realidades sociales son de nuestra sociedad, es decir: de nuestra casa, de nuestro territorio. 55 de cada 100 niños y niñas de nuestro país viven con menos del equivalente de un dólar por día. En América Latina y el Caribe, seis millones de niños y niñas sufren de abuso, incluyendo abandono (World Vision).

Algo sí te puedo asegurar, que de aquí a veinte años no te estarás retractando de lo que hiciste, sino de lo que dejaste de hacer, dar y entregar. La vida nos va dando señales a diario de cómo podemos ser más agradecidos y de cómo podemos ser más generosos para bendecir a otros.

VOLVER A CREER

Recuerdo a aquel chico de uno de los centros de reclusión de nuestro país que, en medio de una oración, nos dijo: «Desde que caí preso, no había visto a mi madre; eso me partió el corazón. Después de una larga espera, llegó el día en que mi madre me vino a ver por primera vez. Ese mismo día volví a creer en Dios». Tenemos una gran responsabilidad de ser retornadores de fe en los demás, con nuestro constante llevar el sabor de Dios a través de nuestro accionar. Las obras y la fe deben de trabajar juntas a la par. Una fe sin obra es una fe muerta. Así como este chico volvió a creer, muchos están a la espera. Con un simple gesto de amor, se puede lograr.

CAMBIEMOS DE «ROPA»

«Vivir una verdadera generosidad es reconocer que somos nada sin Dios». Dios nos habla a través de las demás personas. No esperemos que sea demasiado tarde para escuchar al que con gritos internos

nos pide ayuda. Seamos perspicaces, astutos, despiertos. Identifiquemos la «ropa vieja» que estamos dando, para que la cambiemos por esa «ropa nueva» que será la entrega de corazón y sin esperar nada a cambio.

No esperemos el momento oportuno para hacer lo que siempre hemos sabido que tenemos que hacer. Si sientes la motivación, lánzate. Si sientes la necesidad, busca. Si sientes curiosidad, indaga. Si sientes que está bien, no lo dejes de hacer. La mejor versión de ti la puedes alcanzar si te decides a vivirla y a construirla junto a Jesús. Espero que esto te motive a descubrir esta filosofía de vida que me ha movido a siempre dar mi mayor esfuerzo: «Quiero ser recordado por lo que di, no por lo que recibí».

DESPRÉNDETE DE UNA ROPA IMPORTANTE PARA TI,

o compra la ropa que entiendas que pueda ser utilizada por una persona que la esté necesitando. Llévasela. Ora con ella y bríndale tu apoyo en algo más que necesite.

RECOMENDACIÓN MUSICAL:
No te rindas Munny Rosado
Ojalá Beret
Cantar hasta sanar Starlin Quéliz

DETER-
MINA-
CION*

CUANDO DE TERMINACIÓN SE TRATA DETERMINACIÓN HACE FALTA

Yuan Fuei Liao

El chofer del taxi se estaba enojando con el conductor del otro vehículo, que se debatía entre pisar el freno o el acelerador. El taxista me reiteró, con aire de convencido: «Muchos de los accidentes de tránsito se deben a la indecisión de los que manejan. ¡En la vida hay que tener determinación!». ¿Quiso decir que la falta de decisión y la ausencia de determinación pueden provocar «accidentes»?

Tomé la determinación de buscar en el diccionario el significado de la palabra determinación. Encontré que entre sus sinónimos están: decisión, arrojo, valor, intrepidez, osadía y voluntad. Por otra parte, sus antónimos son: indecisión y cobardía.

Según lo anterior, ¿cuántas vocaciones se habrán perdido por falta de determinación? ¿Cuántos proyectos sin terminar? ¿Cuántas relaciones rotas? ¿Cuántos sueños tronchados? ¿Cuántos «accidentes» en el camino de la vida? Pero al mismo tiempo, ¡cuántos logros alcanzados por las personas con determinación! ¡Cuántas pruebas superadas! ¡Cuántos obstáculos vencidos! ¡Cuántas cimas conquistadas! ¡Cuántas vidas salvadas!

EL CENTAURO ¿TONTO?

Había un centauro (ser mitológico, mitad hombre y mitad caballo) que era leñador. Se adentró en el bosque un día de invierno. Apenas empezaba a cortar un árbol, cuando dejó caer el hacha. Al agacharse para recogerla, sus manos tocaron nieve y se enfriaron. Fue entonces que se preocupó: «¿Por qué tengo las manos heladas? Dicen que los cadáveres tienen sus manos frías... ¿Será que estoy muerto?». Creyendo que ya había fallecido, se dijo: «Si soy un muerto, ¿qué hago cortando árboles? Debería adquirir postura de muerto». Así que se echó al suelo para acostarse. Pasó un largo rato, y el centauro sintió hambre, aunque vacilaba: «¿Debo comer hierba como un caballo o mejor trago comida de hombre?». Indeciso, se quedó sin comer. Más adelante, el frío ya se hacía insoportable. Cavilaba entonces: «¿Me levanto para cubrirme con un manto grueso?». Pero él mismo se respondió: «Los muertos no se levantan, ni necesitan mantos, ni sienten frío». Poco después le asaltó la duda: «¿Y si no estoy muerto? ¡Debo pedir ayuda para que me aclaren!». No lo hizo, porque se cuestionó, centauro al fin: «¿Pido ayuda gritando como un hombre o relinchando como un caballo?». Prefirió callarse y quedarse acostado para siempre...

Por supuesto: murió; pero no tanto de frío, de hambre o de inanición, sino de falta de determinación.

SE ES O NO SE ES

¿Somos a veces como este centauro, mitad sí y mitad no? ¿Estamos viviendo a medias? Es para pensarlo. Nunca se oye un comentario como este: «Él es un hombre medio sencillo». Se es sencillo o no se es sencillo. Acá no hay términos medios. Así mismo, se es una persona con determinación o se es una indecisa. No existen personas «medio decididas». En realidad, cuando alguien decide a medias, está decidiendo por la no determinación. En palabras de Jesús sería: *«Digan sí cuando es sí, y no cuando es no»* (Mateo 5, 37).

Me llama la atención que la frase «se es o no se es» es un palíndromo, es decir, se lee igual hacia adelante que hacia atrás: S E E S O N O S E E S. Esto se llama ser coherente: que los demás, cuando «lean» nuestra vida desde cualquier ángulo, no encuentren incoherencias en ella. Para eso es necesaria la determinación.

EUTICO... ¡SENTADO EN LA VENTANA!

En la Biblia aparece un caso que nos puede servir de referencia, en Hechos 20, 7-12. Se trata de un joven llamado Eutico, que tuvo la ocurrencia de sentarse en una ventana del tercer piso, para escuchar una charla a la medianoche. Una persona sentada en una ventana, ¿está adentro o está afuera? Ni uno ni lo otro. Estaba en el medio: una parte de él estaba afuera (con la oscuridad de la noche), la otra mitad estaba adentro (con la luz de las lámparas). Es la descripción de una persona sin determinación: voluntad tibia, corazón dividido. (En la misma iglesia puede haber personas así: quieren estar con Cristo, pero al mismo tiempo coquetean con la mentalidad competitiva del mundo). Siguiendo el relato bíblico, podemos argumentar que tres cosas le suceden a quien se «sienta en una ventana»: se «duerme», se «cae» y se «muere». Y curiosamente, cuando esta persona se cae, no lo hace para adentro, sino afuera.

La buena noticia es que Eutico volvió a la vida. Me imagino que aprendió la lección, y a partir de ahí se esforzó en fortalecer su determinación. De hecho, «Eutico» significa «afortunado». Si queremos ser afortunados, vivamos más determinados.

PARA IR DE-TERMINANDO

La juventud es la etapa en donde se presentan muchas decisiones importantes: «¿Con quién formaré familia? ¿Qué voy a estudiar? ¿Cuál será mi profesión? ¿Dónde será mi primer trabajo?». Que seamos jóvenes afortunados y decididos, que podamos ver la terminación de nuestros proyectos. Y «cuando de terminación se trata, determinación hace falta». No seamos de las personas cuya única decisión es no tomar decisiones para ser «indeterminados» y, por tanto, no «terminados».

Determino concluir el artículo con un microrrelato. Es sobre una persona sin determinación. Lo escribí en un día de mucho buen humor, con palabras que inician con la letra p (la misma de poder, «¡sí que podemos!»).

PENSAMIENTOS PRESENTIDOS

«Piensa primero para parlar porque palabra poco pensada porta pena».
Proyectaba predicar mi pasión por su perfil. Plan precisaba pulcritud de palabras. ¿Panegírico de su porte, preámbulo del paraíso? ¿Pasmosa parrafada con portentosa paciencia? ¿Pláceme y parabienes por su parnaso? ¿Presenciar pacto de promesa? ¿Presumir perla de pedida? ¡Perfecta previsión! ¿Podría princesa podarme su pachorra? (Pretéritas pericias perecieron en la pobreza). Pisadas presurosas percibí en la plaza. ¡Precisamente mi primor! ¡Presiento

protuberancias pronunciadas! Prisa y pánico pretendían perderme el premio. Preparé parlamento propio de un prócer. Más pudo mi pérfida poquedad: cual parodia pusilánime, proferí con permanente pena: «Precioso pelo».
Prescindió de mi presencia.

DETERMINA-ACCIÓN: YO SOLO TENÍA DIEZ PESOS

Manny Rosado

Una vez yo salía de la universidad en dirección a mi trabajo. Tenía que pagar dos viajes de carros públicos. Estimaba que serían veinte pesos en total. En aquel entonces un pasaje costaba solo diez pesos. Efectivamente, tenía diez pesos en un bolsillo y diez más en el otro. Abordé el primer carro público, que me dejó en una esquina. Ahí caminé con determina-acción rumbo al lugar en donde abordaría el segundo carro de transporte público.

LA GRAN SORPRESA

Mientras caminaba, iba apreciando las pintorescas infraestructuras decoradas con grafitis y anuncios de repuestos de autos en las paredes. Al pasar frente a un negocio de comida rápida, observé una escena nada común: vi a una chica de ojos saltarines que se tornaban lacrimosos y rojos. Con determina-acción, pero con curiosidad, me asomé para ver qué estaba pasando. La chica tenía incrustada la mano derecha dentro de una puerta corrediza de metal. Sorprendido, vi que esta joven (que estaba haciendo trabajo de limpieza en el local) estaba llorando tan fuerte que ni las palabras le salían. Parecía que gritaba por dentro. Tuve que actuar con determina-acción. Nervioso, pero consciente de la situación, tomé su mano derecha. Sutilmente, pero de manera rápida y precisa, halé su mano. Para la suerte de ambos, la mano salió sin ninguna aparente fractura.

EN BÚSQUEDA DE AYUDA

Corrí hacia el dueño del local y en voz alta le dije: «¡Señor, deme diez pesos para comprar hielo para la mano de su empleada que está herida!». El dueño me respondió de mala manera: «¡Cómpraselo tú!». Era momento de accionar, no de preguntarse por qué este señor no se preocupó en ayudar a su empleada. Miré a la chica. Miré mi bolsillo. Vi que solo me quedaban diez pesos. Pensé en todo lo que faltaba por recorrer para llegar a mi destino. Entré en un estado de indecisión.

GRACIAS

Con diez pesos en la mano, cuestionaba si debía usarlos para mi beneficio personal o los invertía en una desconocida que me necesitaba. Con determina-acción, corrí al colmado más cercano y compré diez pesos de hielo. Regresé y le expliqué a la chica cómo debía ponerse el hielo y los demás «condimentos curativos» (sábila y mantequilla) en la mano. La mujer todavía no había dicho nada. Era de nacionalidad haitiana. No sabía hablar español, pero con tan solo una palabra marcó la diferencia en mí ese día. Me dijo: «GRACIAS».

LO IMPREDECIBLE

Me sentí increíble. Había tomado la mejor decisión, pero ese «GRACIAS» no me llevaría sentado en un vehículo a mi trabajo (en eso pensaba yo). Iba desorientado sin saber qué hacer. Caminaba pensativo y sin un peso en el bolsillo. Buscaba la manera de llegar. Rumbo a la última parada de carros de transporte público, escuché que alguien me vociferó: «¡Hey, tú! ¡Hey, tú!». Asustado, respondí: «¿Quién? ¿Yo?». A lo que me respondió: «¡Sí, tú!». De repente, sentí cómo «algo» de gran estatura y fortaleza me abrazó y me levantó hacia el cielo. Por un momento pensé que sería mi último día en la Tierra. Cuando di la vuelta, vi a un joven que me preguntó si lo recordaba. Me dijo que yo le había cambiado la vida hacía tres años, gracias a una charla que impartí en el retiro Onda Juvenil Católica. En ese instante, con determina-acción y como estrategia de supervivencia, le di un gran abrazo (pero en realidad no lo recordaba).

¡OH SORPRESA!

Según nuestra conversación, él y yo trabajábamos muy cerca. Ambos sin tener diez pesos para movilizarnos. Pensé: «El camino se hace más corto cuando se recorre entre dos». Mientras caminábamos, escuchamos la voz de un señor que conducía un vehículo de los años 80 de color gris: «¡Hey, tú!». A lo que el chico respondió: «¿Quién? ¿Yo?». El otro contestó: «¡Sí, tú!». Para nuestra sorpresa, era el tío del joven que me acompañaba en el camino. Nos dirigimos a su vehículo. El vehículo estaba lleno de televisores. Yo, astutamente y para no quedarme sin el aventón, cargué con los televisores encima de mí. Uno en cada hombro.

DE TÍO A TÍA

Como el chico se bajó del vehículo primero que yo, continué montado en mi travesía. El tío me informó que me iba a dejar varias cuadras antes de mi lugar de trabajo. Mientras iba a estacionarse en una tienda de electrónica, tres esquinas antes de mi trabajo, una señora casi nos chocó. Esto inspiró al tío a vociferar palabras inapropiadas contra la señora. Cuando me asomé a mirar, para mi sorpresa, era mi tía. No lo podía creer. Corrí hacia su vehículo. Sin importar lo ocurrido, abordé el carro de mi tía. Sin decir ni una palabra miré al tío de mi amigo que tenía cara de confusión. Él levantó los brazos como diciendo: «Perdón, no quise ofender a tu tía». Finalmente, mi tía con mucho amor y DETERMINA-ACCIÓN me llevó a mi trabajo.

> ¿Cuáles son esos «diez pesos» que estás dispuesto a invertir para ayudar a otras personas?

No se conformó con llevarme en su vehículo. También desabordó su vehículo. Caminó conmigo a la oficina. Subió varias escaleras y pisos (una persona de la tercera edad) y se aseguró de que llegara bien a mi puesto de trabajo. Y más aún, se quedó conversando conmigo por largo tiempo. Sorprendentemente todo esto ocurrió y ni falta me hicieron... los diez pesos.

DETERMINA TU ACCIÓN

Esta experiencia me hizo reflexionar sobre las cosas que podemos hacer por las personas necesitadas, a las que, en muchas ocasiones, les somos indiferentes. «Toda intención sin acción es una ilusión». Complementemos nuestro accionar con determinación para que alcancemos increíbles resultados. Todas nuestras acciones repercutirán directa o indirectamente a muchos en nuestro entorno.

Debemos caminar dejando luces encendidas. Estas guiarán a los demás y nos indicarán, a la vez, el camino de regreso a casa. Te pregunto: ¿Cuáles son esos «diez pesos» que estás dispuesto a invertir para ayudar a otras personas? ¿Cómo reaccionarías ante una situación similar a la mía? ¿Has visto a personas que sufren a tu alrededor, pasas de largo y las ignoras? ¿Estarás dispuesto a actuar con DETERMINA-ACCIÓN?

SAL A LA CALLE, MIRA A TU ALREDEDOR.

Crea algo que deberías hacer para mejorar lo que hayas identificado.

RECOMENDACIÓN MUSICAL:
Beautiful city Hunter Parrish
Te necesito Mi Sostenido
Carnaval Celia Cruz
Solo ten fe D' Fe

GRATI-
TUD

UNA PALABRA «MÁGICA»

Yuan Fuei Liao

> *Gracias a la vida, que me ha dado tanto.*
> Violeta Parra

Josué dijo la palabra mágica y todo a su alrededor se transformó. No fue «abracadabra» ni «simsalabim», tampoco una frase como «¡ábrete, sésamo!». Una señora le pasó un juguete, y Josué, mi hijo de un año de edad, le dijo: «Gracias». Esa fue la palabra mágica. Tan pronto Josué la pronunció, todo a su alrededor se transformó. La señora sonrió... y los demás también. El ambiente quedó repleto de una alegría radiante. ¿Qué tiene la palabra «gracias» para ser tan poderosa, para hacernos sentir tan bien?

«La gratitud es, junto con la generosidad, uno de los mayores potenciadores de felicidad. Esa es una conclusión de la psicología positiva, también llamada "ciencia de la felicidad". La palabra "gracias" forma parte del vocabulario básico de la mayor parte de las culturas. Expresa de forma sintetizada: "Valoro lo que has hecho por mí". Todos los padres insisten para que sus hijos, tan pronto aprenden a hablar, digan "gracias". Es asimismo una de las primeras palabras que aprendemos a pronunciar en otra lengua, cuando visitamos un país extranjero» (Yves-Alexandre Thalmann).

Ciertas investigaciones afirman que, cuando se transmiten tres veces más palabras gratificantes que negativas, se incrementa la satisfacción en el trabajo. Lo afirma un dicho popular: «Siempre queda un poco de perfume en las manos de quien ha regalado una rosa». Por eso, uno que da gracias no solo impregna un aire positivo en el ambiente, sino también en sí mismo, con un poder para transformar lo que le rodea.

SI LA TIERRA FUERA UN PUEBLO...

«Si pudiéramos reducir la población del mundo a la de una aldea de

100 personas, manteniendo la proporción de todos los pueblos que existen sobre la Tierra, tal aldea estaría compuesta por: 57 asiáticos, 21 europeos, 14 americanos, 8 africanos. Habría: 52 mujeres y 48 hombres; 30 cristianos y 70 no cristianos. 20 hombres poseerían el 80 % de la aldea y de sus riquezas. De 5 a 6 mujeres habrían sufrido una violación. 42 personas no beberían nunca agua potable. 33 habitantes vivirían una situación de conflicto armado, de los cuales 23 serían mujeres. 5 niños trabajarían en condiciones de esclavitud y 1 niña sería empleada doméstica sin estar remunerada. Solo 60 personas sabrían leer, escribir y contar, de las que 40 serían hombres. Solo 50 habitantes podrían tener acceso a cuidados médicos. Solo 20 personas tendrían acceso a una computadora, de las cuales 15 estarían conectadas a una red tipo Internet. 1 persona sería considerada rica, es decir, poseedora de más riquezas de lo necesario para asegurar sus propias necesidades y las de su familia; poseería ella sola el 50 % de la aldea y sus riquezas. 80 personas tendrían una religión, de las cuales 40 estarían forzadas a practicarla (bajo coacción o debido a la costumbre) y otras 20 no la practicarían; además, 5 personas la practicarían a pesar de poner su vida en peligro. Ten esto también en consideración:

Si te has levantado esta mañana más sano que enfermo, eres más afortunado que el millón de personas que no llegará a ver la semana que viene. Si nunca has estado en el peligro de una batalla, la soledad de una cárcel, la agonía de la tortura o la angustia del hambre, has tenido más suerte que 500 millones de personas. Si puedes ir a la iglesia sin tener miedo a que te amenacen, torturen o maten, tienes más suerte que 3 mil millones de personas. Si tienes alimento en la nevera, llevas ropa puesta, un techo sobre la cabeza y un lugar para dormir, eres más rico que el 75 % de los habitantes de la Tierra. Si tienes dinero en el banco, en tu cartera y monedas en una cajita, formas parte del 8 % más privilegiado del mundo.

Maravillarse de todos los privilegios que son nuestros nos conduce a la gratitud y también al deseo de hacer algo para que las cosas cambien. Tras leer el texto anterior, cada quien puede preguntarse qué es lo que más le maravilla de su situación, y sentir gratitud por esos privilegios» (Barbara Dobbs).

DAR GRACIAS ES GRATIS

«Somos quienes somos gracias a las personas que nos han acompañado, influenciado o marcado. Sin su ayuda no estaríamos vivos (un bebé solo no sobrevive), no tendríamos ninguna cultura (un niño solo no aprende a hablar). Tómate un tiempo para identificar a las personas que te han marcado y gracias a las cuales eres quien eres ahora. Piensa en todos los encuentros que han sido determinantes, que han marcado positivamente tu trayectoria vital: profesores, amigos, amigas, parejas, etc. Muchos de ellos están vivos. ¿Por qué no escribirles un correo para agradecerles la influencia que han ejercido sobre ti?» (Rosette Poletti).

CAPACIDAD DE ASOMBRO

Dar gracias es una característica de alguien que no ha perdido la facultad de sorprenderse con las maravillas cotidianas. Un enemigo de la gratitud es, precisamente, la incapacidad de asombro. Ejemplos: Cuando nos acostumbramos al agua caliente en la ducha, ya no nos maravillamos por ese privilegio, y no damos gracias por ello a la vida. Cuando, en medio de los trajines de lo cotidiano, olvidamos que nuestros pulmones siguen funcionando y el corazón continúa latiendo de manera maravillosa, perdemos de vista el agradecer a Dios por todo eso.

Los niños, con su mirada no contaminada, son maestros de la contemplación: se maravillan con todo. Recuerdo a mi hijo Juan Francisco cuando tenía dos años de edad; vivíamos en Nueva York y yo lo llevaba a la estación de tren. Allí, cuando veía pasar un tren, el niño decía: «¡Gracias, tren!». También cuando salíamos de jugar en algún parque, decía: «¡Gracias, parque! ¡Gracias, columpios! ¡Gracias, tobogán!».

EUCARISTÍA: ACCIÓN DE GRACIAS

Ojalá que con el paso de los años no perdamos esa capacidad de asombro propia de los pequeños, ese espíritu de gratitud. Podemos hacer de nuestra vida una permanente «eucaristía» (palabra griega que significa: acción de gracias). Se trata de maravillarnos de estar vivos y ser agradecidos. Algunos quizás dirán que su vida ha sido desafortunada, que no encuentran motivos para estar agradecidos. El cuento siguiente, relatado por Jean-Yves Leloup, nos asegura que siempre hay motivos para descubrir lo bueno y agradecer:

EL MONJE Y EL PERRO MUERTO

Había en el Monte Athos un monje anciano que se pasaba todo el tiempo maravillándose. Algunos de los novicios decidieron ponerlo a prueba. Encontraron un perro en descomposición y lo colocaron en medio del camino. Esperaban ver la reacción del viejo sabio, pues en su opinión ese animal putrefacto no podía suscitar ninguna maravilla. El monje anciano dio una vuelta alrededor del cadáver, se detuvo de repente y lleno de entusiasmo llamó a los novicios diciendo: «¡Vengan a ver qué dientes tan hermosos tenía ese perro!». Siempre hay un detalle positivo, incluso en lo que puede parecer feo a primera vista.

PONIENDO EN PRÁCTICA

Antes de terminar este escrito, quiero practicar lo que hemos compartido: te doy gracias por haberlo leído. Sugiero que ahora mismo tomes un teléfono y que llames a alguien de quien sientes gratitud, o puedes enviarle un mensaje de agradecimiento, o una nota, o decírselo personalmente. Verás que siete letras simples, «gracias», se convierten en una palabra «mágica». Y no olvides a Dios; en oración, dile: «¡Gracias...!». Por tanto, por todo. *«Den gracias al Señor porque es bueno, porque es eterno su amor»* (Salmo 136, 1). No seamos malagradecidos como aquellos nueve leprosos sanados por Jesús que no se volvieron a darle gracias (cf. Lucas 17, 11-19).

UNA SOCIEDAD AGRADECIDA 

Manny Rosado

Recientemente estuve leyendo un libro de un autor llamado Martin Seligman, «Psicología positiva», el cual estudia diversos aspectos del ser humano: emociones positivas como la felicidad, la alegría o el amor, y fortalezas como el optimismo, la creatividad, la gratitud, la sabiduría y la resiliencia. Expone que las relaciones humanas que tienen mayor probabilidad de mantenerse estables en el tiempo son aquellas que, de cinco cosas que comunican, cuatro son positivas y una negativa.

¡HOLA! ¿CÓMO ESTÁS?

Hoy vemos cómo a muchas personas se les hace difícil resaltar las cosas positivas. Tienden a no ser agradecidas con lo mucho o con lo poco que se les ha otorgado. Transforman las cosas que dicen en cuatro negativas por encima de una positiva. Por tal razón, decidí realizar una simple encuesta preguntando a personas de mi entorno: «¿Cómo estás?». Las respuestas más comunes fueron:

Ahí vamos...	Mal... pero tú no tienes la culpa...
Ahí, ahí...	¡Me está llevando quien me trajo!
Sobreviviendo...	Regular pal' tiempo...
Aquí, con calor...	Este año ha sido el peor...
De'gana'o...	¡La cosa ta' dura!

Es como si la negatividad invadiera nuestro ambiente. Te invito a utilizar el positivismo y la gratitud como herramientas de acción para poder construir relaciones sanas y duraderas. Siempre hemos escuchado el famoso dicho de que «las cosas positivas traen más cosas positivas». Pues, más que escucharlo y repetirlo, es aplicarlo en nuestro día a día.

 + Acción - Excusas

SOY POSITIVO

Ser positivo y agradecido abrirá puertas de confianza y motivará a las demás personas a alcanzar lo que se propongan. Es comenzar cambiando el «No» por el «Sí» cuando hablemos. Es enjuiciar menos y amar más. De igual manera, te ayudará a mejorar la manera de ver tu vida y la de los demás. ¡A bendecir más y maldecir menos!

Mi madre es una experta en eso. Siempre me dice: «Manny, resalta siempre las cualidades positivas de las personas, aunque parezca no haber, pues siempre es posible descubrirlas».

Cuando te levantes, da gracias por el nuevo día, por la brisa, por los problemas vistos como oportunidades de mejora, por las alegrías y por todo lo que puedes hacer para ayudar a otros. Para Peterson y Seligman (2004), la gratitud es una fortaleza humana que permite manifestar la virtud de la «trascendencia», entendida como aquello por lo cual los seres humanos nos conectamos con el universo y otorgamos significado a nuestra vida.

SÚPER PETER Y LA COMUNIDAD DE ALEXANDRIA

Les cuento el caso de Peter Laboy, oficial de la policía de Alexandria, en Estados Unidos. Fue impactado por una bala en la cabeza en una escuela local. Sobrevivió al hecho gracias al cuidado de su esposa Suzi, que es enfermera; pero más aún, por toda la comunidad que se unió en oración y acción para apoyar y agradecer su labor como policía. Ese sentido de agradecimiento ante tanto amor y apoyo otorgado, le dio fuerzas para continuar con su posterior recuperación.

Tuvimos la oportunidad de conversar con Peter y Suzi en República Dominicana, junto al equipo de la revista ION Corriente Alterna, y él nos comentó: «Más que el disparo que recibí, lo que más me ha sorprendido es toda la gente que me ha ayudado; por ejemplo: el equipo de hockey de Washington. Cuando hicieron la primera campaña de recaudación de fondos, todos pusieron sus autógrafos en los palos de hockey y los donaron para venderlos. También uno que era jefe de policía tenía una placa enmarcada y todas sus placas de jefe de policía, y un día se apareció y dijo: "Yo estoy donando esto para que ustedes lo vendan". Se logró recaudar más de cien mil dólares».

Su esposa agregó: «Creo que, para que una sociedad como la nuestra reaccione de forma tan solidaria, hubo varios factores. Fue algo muy repentino. Él estaba trabajando en la calle y de noche. Pasó en el patio de una escuela. Esto afectó a las personas cuyos hijos estudiaban allí. Estaban conmocionadas, pues era alguien con quien estaban familiarizadas. Pienso que la recuperación de Peter ha sido una bendición, hemos sido realmente bendecidos».

SÍ > NO - UNA SOCIEDAD UNIDA Y AGRADECIDA CON DIOS

Podemos ver cómo las personas que han dado sus vidas por causas nobles han podido prevalecer en el tiempo, pues la comunidad ha quedado impactada positivamente.

Tenemos nuestra bella Iglesia que, en agradecimiento a todo lo que Jesús hizo por la humanidad, hoy quiere ser como él y seguir sus pasos. Una sociedad que reza unida, los unos por los otros, es algo para agradecer. Peter Laboy concluyó: «El hecho de que las personas aún sigan ahí, rezando por nosotros y brindándonos su apoyo...». Su esposa Suzi agregó: «Eso me quita un poco de peso de mis hombros. Ya no tengo que ser solamente yo la que diga: «Por favor, Señor, haz que este sea un buen día para nosotros». Sé que hay más personas haciendo eso. Así todos podemos recibir esas bendiciones y seguir cuidando a Peter y a los niños; asegurarme de que él siga recuperándose».

SIENDO AGRADECIDO

Asociaciones contra el cáncer, contra las drogas, prevención de violencia, entre otras, son constituidas por personas que han superado situaciones adversas y, en agradecimiento a la sociedad, quieren devolver lo mucho que han recibido. La clave está en: ¡agradecer SIEMPRE más!

ACÉRCATE A TU PADRE, A TU MADRE O A OTRO FAMILIAR Y TEN UN MOMENTO DE CALIDAD CON ESA PERSONA.

Dale las gracias por lo que te ha dado y también por lo que no te ha dado. Da gracias por todo.

RECOMENDACIÓN MUSICAL:
Gracias te doy Mi Sostenido
Gracias a la vida Violeta Parra
Arrullo de Dios José Alfredo Jiménez
Me levantaré Celinés Díaz

AUDACIA

ATREVERSE A ATREVERSE

Yuan Fuei Liao

*Aprendí que la valentía no es la ausencia de miedo,
sino el triunfo sobre el miedo.
El hombre valiente no es el que no siente miedo,
sino aquel que conquista ese miedo.*
Nelson Mandela

No sabemos su nombre ni dónde está. Ni siquiera sabemos si aún sigue vivo. Lo que sabemos de él es que era un hombre audaz: unas fotos y un video lo atestiguan. El escenario fue la Plaza de Tiananmen en la ciudad de Beijing, el 5 de junio de 1989. En medio de las protestas a favor de la democracia, una fila de tanques de guerra avanzaba para reprimir a los manifestantes. Fue entonces cuando apareció el joven, «armado» solo con una bolsa en cada mano, y se colocó frente al primer tanque. La fila se detuvo. El tanque titubeó, intentó sortear al hombre, pero este se movió para reubicarse delante del tanque. Un solo hombre deteniendo un batallón... ¿Recuerdas la escena? Si no lo conoces, busca el video en Youtube: tank man.

Vamos ahora al Medio Oriente. Una tropa de Israel disparaba a una multitud de palestinos. Una chica palestina se encaró con un soldado israelí que le apuntaba con su fusil. La tensión aumentaba. Aun con cierto temor, la muchacha se mantenía firme, preguntando al soldado por qué disparaba a la multitud. El nombre de ella: desconocido. Su audacia no es desconocida, gracias a un video que dio la vuelta al mundo. Youtube: palestinian girl israeli soldier.

Con la imaginación volamos a Río de Janeiro, en el año 1992. Severn Suzuki, de apenas doce años de edad, estaba de pie frente a funcionarios del mundo entero en la Cumbre de la Tierra convocada por la ONU. La adolescente leyó un mensaje escrito por ella apelando a la sensibilidad sobre los problemas que aquejaban al planeta. Los adultos escuchaban entre asombrados y avergonzados. La audacia puede acompañar a una persona desde temprana edad. Youtube: severn suzuki earth summit.

Julia Butterfly Hill era muy joven cuando empezó a preocuparse por la suerte de los bosques californianos. A los 23 años se instaló en la parte superior de un árbol de 55 metros de altura, con la finalidad de protegerlo. Para evitar que el árbol milenario fuera talado, Julia vivió en ese lugar por dos años, afrontando todo tipo de dificultades. Leí las memorias que ella escribió y recogió en su libro titulado «El legado de Luna». Admiré su audacia.

IDEAL JUSTO + FIRME CONVICCIÓN + VALOR = AUDACIA

La Real Academia de la Lengua Española define «audacia» como: «Osadía, atrevimiento». Es el valor para hablar o actuar. ¿Qué hace que una gente sea audaz? Las personas audaces tienen algo en común: una firme convicción de lo que consideran que es lo correcto. Claro que también hay personas valentonas con convicciones distorsionadas: pueden convertirse en víctimas y victimarios de fanatismos intransigentes. Pero un ideal de justicia añade valor a una persona y la hace osada, por lo que: audacia es igual a ideal de justicia más convicción, más valor. Este atrevimiento puede definir el estilo de vida de una persona.

Claro que también hay personas valentonas con convicciones distorsionadas: pueden convertirse en víctimas y victimarios de fanatismos intransigentes.

¿Tenemos un ideal de justicia? ¿Es una convicción para nosotros? ¿Nos falta valor? En términos bíblicos, la audacia es otorgada por el Espíritu de Dios. El ejemplo del pequeño David batiendo al gigante Goliat es un paradigma a seguir: *«David dijo al filisteo: "Tú vienes contra mí con espada, lanza y jabalina, pero yo voy contra ti en nombre del Dios todopoderoso, a quien has desafiado".»* (1 Samuel 17, 45).

Jesús decía que el Reino de Dios ya había llegado y que la arrebataban los audaces (cf. Mateo 11, 12). Volvamos a la primera escena del joven frente a los tanques de guerra en la Plaza de Tiananmen. Precisamente «Tiananmen» en mandarín significa: «Puerta de la Paz Celestial». ¿Será una manera de recordarnos que para entrar en el Reino de los Cielos hay que ser audaces?

DAR LA CARA

Quizás no nos tocará vivir los horrores de una guerra, ni tendremos la oportunidad de hablar a los dirigentes del mundo en una conferencia cumbre, ni viviremos en un árbol; pero sí podemos ser audaces en nuestros propios ambientes. Perseguir un ideal justo y luchar por él con convicción, amparados bajo la fuerza de Dios. Nos tocará ser audaces en las escuelas, en las oficinas, en las calles, en los barrios, en los lugares de diversión, en nuestras propias casas y un largo etcétera. Es tener la sensación de ser la persona oportuna en el lugar exacto y el momento preciso, y actuar en consecuencia. De lo contrario, seríamos como lo que describe Anthony de Mello en «El canto del pájaro»:

«Cuando Kruschev denunció en el Comité Central la era "staliniana", uno de los presentes dijo: "¿Dónde estabas tú, camarada Kruschev, cuando fueron asesinadas tantas personas?". Kruschev respondió: "Agradecería que se ponga de pie el que ha hablado". Pero nadie se levantó. Kruschev continuó: "Ya tienes respuesta. Yo me encontraba en el mismo lugar en que tú estás ahora". Jesús se hubiera levantado.»

AUDACIA NO ES AUSENCIA DE MIEDO

Se dice que durante la Revolución de Abril de Santo Domingo, el coronel Caamaño vio a un raso que, fusil en mano, temblaba de miedo en su puesto de vigilancia, mientras las balas silbaban a su alrededor. Caamaño le gritó: «¡Muchacho! ¿Qué pasa? ¿Tienes miedo?». El guardia respondió: «¡Sí, mi comandante! Tengo miedo, pero sigo en mi puesto». Cuentan que el comandante lo ascendió de rango. Ser audaz no significa no tener miedo, sino saber hacer lo correcto («seguir en mi puesto») a pesar de los temores.

Un día, yo visitaba uno de los barrios de Santo Domingo. En un callejón, un hombre a quien no conocía empezó a gritarme con cara de poco amigo, alegando que yo le debía dinero. Traté de no prestarle atención; pero él se colocó en actitud amenazante delante de mí: «Tienes que darme todo tu dinero porque ahora mismo te voy a atracar». Pedí ayuda a Dios con una oración brevísima (en ese momento no disponía de mucho tiempo para eso), y tragando miedos dije al hombre: «Te voy a dar dinero, pero no porque me estás atracando, sino porque quiero que sepas una cosa: Dios te ama muchísimo y eres su hijo». Le expliqué que le daba el dinero si me concedía un favor: que orara conmigo. Su expresión cambió. No quiso aceptar el dinero. Le insistí que era un regalo: «No te conozco, pero existe alguien que sí te conoce: Dios». Creo que mi asaltante fue «asaltado»: me llevó a su casa y me presentó a su familia. Allí terminamos orando, tomados de la mano.

HÉROES ANÓNIMOS

Para los antiguos griegos, la audacia es propia de los héroes. No importa que nuestros nombres no figuren en la prensa. Tantas veces toca ser héroes cotidianos, no al estilo Batman (que no salió de la pantalla de cine mientras ocurría un asesinato masivo durante la proyección de una película de la saga de Batman, en Colorado), sino como esos tres jóvenes que murieron, en aquella sala de cine, al recibir los disparos cuando protegían con sus cuerpos a sus amadas. Tal vez la vida no nos pida tanto, pero la consigna siempre consistirá en ser audaces.

Así lo expresa una canción del cantautor católico Luis Alfredo Díaz, refiriéndose a los muchos audaces que, cada fin de semana, se dedican voluntariamente a asistir a los enfermos en los hospitales. Que sus letras nos animen a «seguir en nuestros puestos»:

Héroe anónimo

Su nombre no saldrá mañana en el periódico
ni a mediodía su rostro en la televisión,
pero les aseguro que mi amigo es un héroe,
de esos que dan su vida por amor.

Tendrá veinte años, poco más o menos,
y los ojos despiertos como un volcán,
una sonrisa fácil, aunque de hablar reservado
y le encanta el fútbol y salir a bailar.

Hasta aquí me dirán: «Nada de particular,
nada que justifique que le vayas a cantar».

Pero el fin de semana cuando cierra los libros
mi amigo «se viste de Supermán».

Porque es un héroe, un héroe anónimo,
un héroe, un héroe anónimo, un héroe.

Tiene toda una sala solo a su cargo:
diez o quince niños, yo diría que mil,
y a cada uno de ellos llama por su nombre,
y cada uno de ellos le responde: «papá».

A Antonio de quince le da de comer en la boca,
al Rata de once le está enseñando a andar.
Y por la noche, después que los ha acostado a todos,
se mete en la cama a escuchar a Maná.

Y el lunes en la facultad se hablará de mil cosas.
Cada uno tendrá una historia que contar.
Pero mi amigo, que tiene una sonrisa fácil,
es más bien reservado a la hora de hablar...

Porque es un héroe,un héroe anónimo,
un héroe, un héroe anónimo, un héroe.

UN PESO, LICENCIA PARA EL OLVIDO 

Manny Rosado

Un día, camino a casa, me detuve en un semáforo. Un señor se puso al lado de mi automóvil y me pidió dinero. Yo solo tenía un peso en el bolsillo. Instantáneamente, sin pensarlo mucho, se lo di. Para mi sorpresa, cuando la persona vio la cantidad que le estaba ofreciendo, tomó el peso y me lo estrelló contra el cristal delantero.

OTRO CASO

Un amigo fue abordado por un chico que pedía en la calle. Mi amigo no tenía dinero, y con toda sinceridad y respeto se lo informó. El chico de la calle metió su mano en el bolsillo y le regaló cinco pesos, mientras decía: «Toma, esto es para que no andes sin dinero en la calle».

¿DAR O EDUCAR?

Estas experiencias, que a lo mejor te han ocurrido a ti también, me hicieron cuestionar: ¿Estamos haciendo un bien o un mal cuando damos limosnas a las personas? Es una pregunta difícil, puesto que nos hace cuestionarnos si estamos alentando la actitud de mendigar. Si esas personas no recibieran limosnas, ¿buscarían un trabajo? ¿Intentarían otro método de obtener dinero sin caer en la delincuencia? ¿En verdad morirán de hambre por no darles dinero? Son muchas las posibilidades, pero ¿qué es lo mejor?, ¿qué es lo correcto?

Es cierto que la crisis en la que vivimos ha sido causa evidente de que más y más personas se decidan por pedir limosnas en las calles. Según cifras recogidas en el Panorama Laboral 2011, en Latinoamérica y el Caribe, el desempleo afecta a 15,4 millones de personas. Elizabeth Tinoco, directora de la oficina regional de la Organización Internacional del Trabajo (OIT), alertó que el gran desafío de la región es atender las preocupaciones y necesidades de la población juvenil que es excluída del mercado de trabajo. «14,9 % del desempleo juvenil representa a siete millones de jóvenes latinoamericanos», señaló Tinoco.

PROTEJAMOS A LA NIÑEZ

Lamentablemente, pedir limosna se ha convertido, en muchos casos, en un negocio de varios desaprensivos. Algunas personas utilizan infantes, y «adquieren» territorios como esquinas, semáforos, entre otros puntos, para enviarlos a las calles a pedir dinero. La Declaración de los Derechos del Niño de la ONU destaca que: «Todo niño tiene derecho a la protección contra el trabajo infantil y contra la explotación económica en general». ¿Seguiremos ignorando esta realidad? Es como si el país estuviera acostumbrado y aceptara el hecho de que haya gente que simplemente debe pedir para vivir.

Estuve hace un tiempo trabajando en Nicaragua, en un proyecto que busca erradicar las peores formas de trabajo infantil y reducir horas de trabajo de los niños, niñas y adolescentes, para así llevarlos a un espacio educativo integral. Mi función es capacitar en técnicas de aceleración del proceso de aprendizaje y dignificación de la persona a maestros del sistema educativo público y facilitadores que trabajan y educan a personas que viven en situaciones de alto riesgo.

LOS PICAPIEDRAS

Algo que me sorprendió en Nicaragua (una experiencia extremadamente conmovedora) fue cuando nos dirigimos a un lugar en donde se realizan trabajos forzosos y peligrosos. Queríamos conocer sobre las familias nicaragüenses que literalmente se dedican a «picar piedras» para sostener económicamente sus familias. Vi a niños y a niñas picando piedras junto a sus familias. Me dio tanta impotencia esta situación: ver con mis propios ojos cómo se les quita el derecho de ser niños a estos pequeñines.

Lucrecia y don José nos contaban cómo todos los días ellos se dedicaban a picar piedra por piedra, para luego venderlas y recibir pagas miserables.

UNA PIEDRA POR HONOR

Son personas que quieren ganarse la vida honradamente y han optado por realizar estos trabajos tan difíciles. Me apena ver cómo también involucran a niños, niñas y adolescentes en estas prácticas por la gran necesidad económica en la que viven. Así se les troncha su derecho de ir a la escuela o de divertirse.

Dios no quiere que nos hagamos de la vista gorda ante estas realidades. Dios quiere que abramos nuestros ojos, que valoremos lo que tenemos, que apreciemos hasta lo más mínimo, y trabajemos aún con más fuerzas para sacar a nuestros niños, niñas y adolescentes del trabajo infantil. De picar piedras a recibir educación, diversión y oportunidades que «piquen» y se extiendan... Es una lucha no solo de los gobiernos o las entidades no gubernamentales. Es una lucha del pueblo, de ti y de mí.

La esperanza no ha muerto: solo está a la espera de nuestro accionar para retornar a ella.

Esta vivencia me anima a seguir motivando a más personas para trabajar por el bienestar y la educación de los más vulnerables. Entiendo que los gobiernos deben crear más espacios que desarrollen el hábito de estudio para toda la niñez y brindar oportunidades laborales para quien tenga la mayoría de edad, y así poder llegar a una estabilidad, rumbo a la prosperidad. Y volviendo con el tema de las personas que piden en las calles, hay que presentarles programas de asistencia educativa y financiera.

> Creo en el ser humano, su poder transformador y su potencialidad de crear puentes de nuevas oportunidades, para sí mismo, sus seres queridos y su país.

Decía san Pablo: «Aunque repartiera todos mis bienes... si no tengo caridad, nada me aprovecha». Esto quiere decir que dar dinero a estas personas es la tarea más fácil. Tomar el tiempo y adentrarnos en las realidades de ellos, ver más allá para lograr trascender y buscar alternativas que les ayuden, es la tarea difícil que pocos están dispuestos a asumir.

EL LLAMADO

Estamos llamados a ser audaces y valientes desde nuestras realidades. No enfocarnos tanto en la problemática, sino en buscar soluciones que sean sostenibles a largo plazo. Hace un tiempo escribí esta frase: «Creo en el ser humano, su poder transformador y su potencialidad de crear puentes de nuevas oportunidades, para sí mismo, sus seres queridos y su país». ¿Seguirás ofreciendo a estas personas dinero u oportunidades?

EN VEZ DE DARLE DINERO A UNA PERSONA DE LA CALLE, MOTÍVALE A TERMINAR LOS ESTUDIOS.

Oriéntale sobre un espacio educativo en el que se pueda insertar. Dale seguimiento para asegurarte de que la persona retome su educación.

RECOMENDACIÓN MUSICAL:

Guerreros de la calle Militantes Bierd ft. Manny Rosado y Corito Chichigua
Aprender a quererte Morat
Héroe anónimo Luis Alfredo Díaz
Canción para un niño de la calle Mercedes Sosa ft. René Pérez

VERDAD

¿DE VERDAD QUEREMOS LA VERDAD?

Yuan Fuei Liao

> *«Yo para esto he nacido y para esto he venido al mundo:*
> *para dar testimonio de la verdad.*
> *Todo el que es de la verdad, escucha mi voz».*
> *Le dice Pilato: «¿Qué es la verdad?».*
> *Y dicho esto, volvió a salir.*
> Juan 18, 37-38

Un prominente autor de filosofía sufí titula a uno de sus libros: «El buscador de la verdad». Insinúa que todo ser humano anda en búsqueda de la verdad. Otros autores ofrecen recetas para ayudar a encontrar el sentido de la vida «buscado por todos». ¿Será que buscar la verdad es, en alguna manera, buscar el sentido de la vida? Aquí nos asalta la pregunta de Poncio Pilato en el interrogatorio a Jesús: «¿Qué es la verdad?». El evangelista Juan da a entender que, una vez que Pilato lanzó la pregunta, se volteó sin siquiera esperar una respuesta. ¡Me hubiera gustado conocer la respuesta de Jesús ante tal pregunta!

Verdad, seis letras para una palabra de muchas complejidades: ¿La verdad es absoluta o es relativa? ¿Hay una sola verdad o son muchas? ¿Cada quien tiene su verdad? ¿La realidad es la verdad? ¿Todo lo que no es verdad es falso? ¿Existen media-verdades? ¿Se puede conocer la plena verdad? ¿Logran las limitadas palabras expresar toda la verdad? No pretendo en un par de páginas responder a estos y otros interrogantes. Me limito a tratar de arrojar algunas pistas para la búsqueda de la verdad.

LA VERDAD COMO COHERENCIA

Es evidente que las personas prefieren la verdad a la falsedad, la verdad al engaño, la verdad a la mentira, la verdad al error. La sociedad suele ser severa cuando una persona de la vida pública es desenmascarada, mostrando una doble moral o una incoherencia entre su imagen impecable y lo que se oculta bajo ella. Es que hay una preferencia de la coherencia (verdad) frente a la incoherencia (falsedad). Así, se rechaza la mentira, pues constituye una contradicción entre lo que se piensa (o hace) y lo que se dice. Como diría un amigo mío: «La mentira es: falta de coherencia entre la cabeza y la boca».

Por eso, a los cristianos se nos exige el testimonio de vida como señal de que queremos vivir en la verdad, manifestar lo que somos en realidad, no en apariencia. Una vida coherente con la fe profesada se asemeja a una «verdad científica»: se puede «comprobar».

Una madre se acercó a Gandhi para que convenciera a su hija y la persuadiera de la nociva costumbre de comer dulces. Gandhi le dijo: «Tráeme a tu hija dentro de tres semanas, y entonces le hablaré». La madre volvió después de tres semanas, y el maestro le habló a la muchacha. La madre preguntó a Gandhi por qué no le dijo eso mismo cuando se la trajo por primera vez. «Hace tres semanas yo mismo era muy aficionado a comer dulces», le explicó Gandhi.

LA VERDAD COMO REALIDAD

Por otro lado, hay quienes asocian la verdad con la realidad. Como la realidad supera nuestra percepción tan limitada, sugiero, en nuestra búsqueda de la verdad, salir de nuestras «zonas de confort» para percatarnos de que a nuestro alrededor hay «realidades» que solemos desconocer.

Hace poco, una cantautora católica de España vino a una misión a la República Dominicana. Ella nos expresaba su extrañeza de que, ante la miseria en la que viven tantas personas en el país, no haya más gente comprometida en la lucha contra la pobreza. «Encerrarme en mí misma es envolverme en mi propia "verdad". Me ciega para no ver las necesidades de mi prójimo que deberían saltarme a la vista».

En definitiva, desconocer la realidad produce tres «i-ncias»: ignorancia, indiferencia e indolencia (a nuestros hermanos necesitados los ignoramos, les mostramos indiferencia y nos volvemos indolentes). Produce «cardioesclerosis» (endurecimiento del corazón), que nos hace «acostumbrarnos a los pobres».

El papa Francisco nos ha invitado tantas veces a salir a las periferias para luchar y evangelizar: «Existe un vínculo inseparable entre nuestra fe y los pobres».

VERDAD = CAMINO = VIDA = JESÚS

Volvamos a la pregunta de Poncio Pilato: «¿Qué es la verdad?». En realidad, Jesús ya la había respondido en otra ocasión: *«Yo soy el Camino, la Verdad y la Vida»* (Juan 14, 6).

«Toda nuestra vida es una búsqueda inconsciente de la Vida, Toda nuestra verdad es una búsqueda inconfesada de la Verdad. Todo nuestro camino es, sin sospecharlo, una búsqueda del Camino. Solo la Vida lleva a la Verdad porque solo la Vida es el Camino. Solo la Verdad lleva a la Vida, porque solo la Verdad no se aparta del Camino. Solo el Camino lleva a la Verdad, porque solo el Camino es fiel a la Vida. Y nosotros seguimos obstinados en buscar la Verdad, en buscar el Camino, fuera de la Vida. Solo aceptando la Vida podremos iniciar la peregrinación que conduce a la Verdad. No hay otro Camino» (Juli Peradejordi).

UN CUENTO DE ANTHONY DE MELLO, PARA INQUIETARNOS

El hombre caminaba paseando por las pequeñas callecitas de la ciudad provinciana. Al dar vuelta en una esquina, se encontró de pronto frente a un modesto local cuya marquesina estaba en blanco. Intrigado se acercó a la vidriera y arrimó la cara al cristal para poder mirar dentro del oscuro escaparate. En el interior, solamente se veía un atril que sostenía un cartelito escrito a mano: «Tienda de la Verdad». El hombre pensó que era un nombre de fantasía, pero no pudo imaginar qué vendían. Entró. Se acercó a la señorita que estaba en el primer mostrador y preguntó:

–Perdón, ¿esta es la tienda de la verdad?

–Sí, señor, ¿qué tipo de verdad anda buscando?, ¿verdad parcial, verdad relativa, verdad estadística, verdad completa?

Nunca se había imaginado que esto era posible: ¡llegar a un lugar y llevarse la verdad!

–Verdad completa –contestó el hombre sin dudarlo.

«Estoy tan cansado de mentiras y de falsificaciones», pensó, «no quiero más generalizaciones ni justificaciones, engaños ni fraudes».
—¡Verdad plena! —ratificó.
—Bien, señor, sígame.
Ella acompañó al cliente a otro sector y señalando a un vendedor de rostro adusto, le dijo:
—El señor lo va a atender.
El vendedor se acercó y esperó que el hombre hablara.
—Vengo a comprar la verdad completa.
—Ajá, perdón, ¿el señor sabe el precio?
—No, ¿cuál es? —contestó rutinariamente.
—Si usted se la lleva, el precio es que nunca más podrá estar en paz —dijo el vendedor.
Un frío corrió por la espalda del hombre, nunca se había imaginado que el precio fuera tan grande.
—Gra... gracias, disculpe... —balbuceó.
Se dio vuelta y salió del negocio mirando el piso. Se sintió un poco triste al darse cuenta de que todavía no estaba preparado para la verdad absoluta, de que todavía necesitaba algunas mentiras donde encontrar descanso, algunos mitos e idealizaciones en los cuales refugiarse, algunas justificaciones para no tener que enfrentarse consigo mismo.
«Quizás más adelante», pensó.

VISIÓN ES MÁS QUE VER 

Manny Rosado

Tengo un buen amigo que estudió Comunicación Social. Es escritor. Le encanta la lectura y actualmente está creando una revista virtual de ayuda social. Ha ganado muchos premios internacionales de escritura y liderazgo social. Generalmente me comunico con él mediante las redes sociales, puesto que nuestras agendas de trabajo usualmente no coinciden.

Él se mantiene al tanto de mis actividades musicales vía Twitter. De vez en cuando da retweet a mis publicaciones. Casi todos los días leo sus escritos en Facebook. Cuando quedamos en reunirnos en algún lugar y no logra contactarme por teléfono, él opta por mandarme mensajes directos desde su laptop o móvil.

LA PERSONA CIEGA QUE ME HIZO VER

Mi gran amigo es José. Es un joven líder que a los 13 años perdió el sentido de la vista. Vive solo y trabaja para poder suplir sus necesidades básicas. Sus medios de transporte son el metro (tren) y los carros de transporte públicos, y suele desplazarse a grandes distancias.

Su vida es un reto desde que se levanta hasta que se acuesta. Caminar con su bastón por las calles de Santo Domingo es como cruzar el Niágara en bicicleta (como diría el maestro Juan Luis Guerra), debido a toda la basura que obstaculiza su paso y al trato insensible de las personas que le insultan cuando, sin querer, su bastón toca algún vehículo. José ha sentido el amargo sabor de la discriminación y la exclusión: ha sido rechazado en varios centros de trabajo debido a su discapacidad visual.

Las infraestructuras de muchas de nuestras escuelas y universidades no están en condiciones adecuadas para que las personas con discapacidad puedan movilizarse con facilidad, que es lo básico. Si esto ocurre en nuestros centros educativos, ¿qué será de las demás instituciones?

NUESTRA LEY ES CLARA, PERO LA REALIDAD ES OSCURA

El artículo 28 sobre la integración social en condiciones especiales de la Ley de Juventud 49-00 dice: «Todos los jóvenes dominicanos que estemos en condición o situación especial, ya sea por razones de discapacidad físico-motora, sensorial o psicológica, o que estemos privados de libertad por motivos de infracción de las leyes, tenemos derechos de reinsertarnos socialmente y participar de oportunidades que garanticen nuestro desarrollo integral y poder acceder a bienes y servicios que mejoren nuestra calidad de vida».

Si hemos sido afectados por una situación especial de discapacidad, el Estado debe destinar medios y recursos pertinentes. Nuestra ley es clara, pero la realidad es oscura. Como José, hay muchos jóvenes que viven con algún tipo de discapacidad y están siendo excluidos del ámbito laboral y de la participación social. En República Dominicana hay esperanza puesta en instituciones como la Asociación Dominicana de Rehabilitación, Fundación Dominicana de Ciegos, Escuela Nacional de Sordos, Organización Amigos por el Síndrome de Down, Fundación Francina Hungría, Fundación Corazones a tiempo, Fundación Mamá Chicha, Quiéreme como soy, Yo también puedo, que están trabajando para que se reconozcan los derechos indispensables de las personas con discapacidad y personas que están en conflicto con la ley.

MUCHAS PERSONAS CON DISCAPACIDADES

Millones de personas en el mundo viven con algún tipo de discapacidad, enfrentando barreras físicas, sociales, mentales, económicas y actitudes que los excluyen de ser miembros iguales en la sociedad por la falta de información y educación de muchos. Los dominicanos muchas veces no contamos con una conciencia clara en materia de cómo proteger los derechos y deberes fundamentales de las personas con discapacidad.

Si vives con algún tipo de discapacidad, es momento de levantarte a la acción. Usarla como capacidad de crear e innovar, como lo ha hecho Raúl Sosa Acosta, una persona no vidente que tiene un centro de masajes y terapias naturales llamado «El Edén». Sosa instaló su negocio después de hacer estudios de masaje y terapia física en el Patronato Nacional de Ciegos.

LA MAESTRA Y LA ALUMNA DE DANZA

Hace un tiempo estuve en Paraguay en una entrevista de radio hablando sobre el tema de la inclusión social, la música en valores y proyectos que buscan erradicar el trabajo infantil. Una maestra de danza, que participaba también como invitada del programa radial nos relató la historia de éxito de una de sus alumnas. Una persona sorda que también tenía problemas para hablar había sido rechazada en todos los centros de danza que había querido formar parte, todo por su discapacidad. La chica, luego de mucho buscar, llegó a la academia de danza de esta maestra. Esta, sin saber qué hacer (pues no tenía preparación académica en temas de discapacidades), le brindó la oportunidad de participar de las clases como espectadora, hasta que la chica misma se sintiera capaz de tomar las clases. La maestra aprovechó ese tiempo para investigar sobre técnicas para apoyar a la chica con discapacidad y así lograr involucrarla activamente en las clases.

La chica asistió constantemente a las clases como espectadora. Un día se decidió a participar activamente de las clases. La maestra y la alumna buscaron estrategias para que pudiera seguir el ritmo y la música aun sin poder escucharla. Descubrieron que, a través de las vibraciones del suelo, gracias a las ondas que emitían la música y los parlantes, la chica podía seguir el ritmo. Aprendió a danzar, hasta convertirse en una de las mejores estudiantes de la clase.

En la actualidad, la chica se está preparando para ser maestra de danza y está impartiendo clases de danza a principiantes. Simplemente necesitó de una persona que le diera la oportunidad y que se preocupara por ella. Algo que también influenció en dicho éxito fue que la chica nunca se dio por vencido y encontró una maestra que investigó un poco más sobre el tema de las discapacidades para así poder apoyarla con mayor eficiencia. Es lo que falta: un poco más de interés, empatía y apoyo. ¡Enfocarse en lo que se puede construir más que en lo que se puede excluir!

PETICIÓN COLECTIVA

Exhortamos a todas las instituciones, tanto públicas como privadas, a que tornen su atención hacia este segmento de la población, con el fin de brindarles oportunidades laborales, sin DISCRIMINACIÓN y sin PREJUICIO.

Jesús sana todos los males físicos, mas la discapacidad puede ser también de mente y de corazón. No te detengas sin lograr tus sueños, aunque tengas alguna discapacidad. Incluso así, puedes mejorar el mundo. Quitemos la venda que nos impide ver la verdad y apoyemos a las personas con discapacidad, pero... de VERDAD.

PROPONTE CONOCER Y HACERTE AMIGO(A) DE UNA PERSONA CON ALGUNA DISCAPACIDAD.

Conversa con ella y pídele que te relate sobre sus logros y dificultades. En caso de que la persona no pueda entablar una conversación, sé su amigo(a) y llévale un detalle de amistad.

RECOMENDACIÓN MUSICAL:
Quiero reír Manny Rosado
El Niágara en bicicleta Juan Luis Guerra
¿Quién soy yo? Marcos Vidal

FELI-
CIDAD

FELICIDAD COMIENZA CON FE

Yuan Fuei Liao

Tex Avery creó un personaje que ya es ícono de los dibujos animados: el perro Droopy. Exhibiendo su apariencia engañosa, una de las frases pintorescas de Droopy siempre me provoca risa. Con cara melancólica, como si estuviera afligido, dice: «¿Saben qué? Estoy muy feliz». Droopy me hace recordar a alguien que vivió conmigo durante doce años, y que fue considerado un maestro por mí, pues aprendí un montón con él: Vingo. Era un perro mezclado, ni «viralata» ni «de raza», que llegó a mi hogar y se ganó el cariño de todos. Aún hoy su recuerdo me sirve hasta para mis exámenes de conciencia:

1) Vingo (así con V) no se agobió nunca por el mañana. Vivía apaciblemente y con simplicidad, día a día. ¿Angustiarse por el futuro? Se empeñaba en vivir el presente, un día a la vez, confiado. Diría que la sencillez era su estilo de vida. Me examino: ¿Estoy esperando, con confianza, que Dios me provea todo gratuitamente?

2) Una amiga me preguntó en una ocasión: «¿De qué color es tu perro?». Le respondí relajando: «Vingo no es racista, tiene el pelaje blanco y negro». Se me ocurrió pensar que ese detalle podía reflejar una enseñanza: Dios ama a todos sin distinción de razas, con un amor universal. Para él todos somos iguales en dignidad. Tampoco mi perro hacía acepción de personas. Dijo Abba Jantías, uno de los antiguos padres del desierto: «Un perro es mejor que yo, porque él también ama, pero no hace juicios». Me reviso: ¿Amo a todos, sin prejuicios, como verdaderos hermanos de una familia universal?

3) A veces yo volvía a casa preocupado por problemas y ajetreos cargados en la calle. Quien primero me recibía era Vingo, brincando. Con el meneo de su cola me expresaba el regocijo de encontrarse conmigo. Su contagioso entusiasmo me recordaba la belleza de la vida, a pesar de mis prisas. Me pregunto: ¿Estoy presto para recibir, acoger y alegrar la vida de los demás?

4) En esas madrugadas en que yo no lograba conciliar el sueño con facilidad, solía ir a la sala y encontrar al perro durmiendo plácidamente. Desvelado, lo llamaba, y despertándolo, lo «embromaba». Y él siempre me atendía: no se enfadaba por haberle interrumpido el sueño. Al contrario, se olvidaba de sí mismo para hacerme feliz, mostrando su disposición a escucharme. Me cuestiono: ¿Soy capaz de morir a mí mismo para servir y escuchar pacientemente a quien me requiera?

FELICIDAD ≠ 3 P

La mentalidad competitiva del mundo quiere vendernos la idea de que la felicidad está en el poseer, en el placer y en el poder. A eso llamo las tentaciones de las tres «P». Con Vingo fui aprendiendo que la felicidad no depende del poseer ni del placer ni del poder.

Cuentan por ahí que había un rey muy rico que vivía deprimido. Uno de sus bufones del palacio le convenció de una «fórmula mágica» para alcanzar la felicidad: habría que recorrer todo el reino hasta encontrar al hombre más feliz. Luego habría que quitar la camisa a este hombre feliz y vestir con ella al rey. La guardia real se encargó de ir por todas partes a indagar. Todos los súbditos del reino se sentían muy descontentos con la vida, a excepción de uno. Cuando quisieron arrebatarle la camisa para entregarla al rey, se dieron cuenta de que ese hombre, sencillo y feliz... ¡no poseía camisa! La felicidad no depende del poseer.

Hace años, yo solía visitar a los enfermos del hospital oncológico. En uno de esos días, una religiosa que atendía el lugar me motivó a entrar a una habitación en donde había una señora considerada desahuciada. Un cáncer terminal había invadido todo su cuerpo con grandes tumores. La sor me explicó que esa paciente prácticamente no recibía visitas. Entré, me presenté y le dije que le haría compañía. La señora, contenta con mi presencia, empezó a compartirme sus vivencias. Lo que más me impactó fue su alegría desbordante y el testimonio sencillo y convincente de que era feliz en medio de sus «malestares». Cuando salí de esa habitación, me sentía otro: aquella señora, no vidente y moribunda, me contagió su «bienestar». La felicidad no depende del placer.

En una entrevista, una celebridad muy poderosa, afamada por sus sonantes cuentas millonarias, expresó una frase conmovedora: «Soy tan miserable: lo único que tengo es dinero». La felicidad no depende del poder.

UN CUENTO DE ORIENTE PARA QUE NOS ORIENTE

Érase una vez un joven erudito y engreído que contrató a un viejo barquero para que le cruzara en su yola por un río caudaloso. Empezada la travesía, una bandada de aves surcó el cielo y el joven preguntó al yolero: «¿Has estudiado la vida de las aves?». «No, señor», repuso el barquero. «Entonces has perdido la cuarta parte de tu vida». Un rato después, la barca se deslizó junto a unas exóticas plantas que flotaban en las aguas. El joven preguntó al barquero: «Dime, ¿has estudiado botánica?». «No, señor, no sé qué es eso». «Pues has perdido la mitad de tu vida», comentó el joven jactancioso. El viejo seguía remando pacientemente. Entonces el joven preguntó: «Sin duda llevas muchos años deslizándote por las aguas. ¿Sabes algo de la naturaleza del agua?». «No, nada sé al respecto». «¡Oh, has perdido las tres cuartas partes de tu vida!», exclamó el muchacho. Súbitamente, la barca comenzó a llenarse de agua y amenazaba con hundirse. El barquero preguntó al joven: «Señor, ¿usted sabe nadar?». «No», repuso el joven. «Pues me temo que hoy has perdido toda tu vida».

Este cuento, abierto a muchas interpretaciones, intenta enfocarnos más en lo esencial de la vida. Y según explicó el zorro al Principito: «Lo esencial es invisible a los ojos». La advertencia de Jesús sigue vigente: *«¿De qué le sirve al hombre ganar el mundo entero si pierde su vida?»* (Mateo 16, 26). Los afanes de la vida pueden llegar a crear tantas preocupaciones que terminan ahogando lo fundamental: ser feliz.

¿ALGUNA FÓRMULA?

¿Cuál sería, entonces, la fórmula para ser feliz? Para empezar, no creo en «fórmulas mágicas». Sí creo que hay ciertas pistas que nos indican por dónde puede andar la felicidad.

Pienso que la felicidad está relacionada con descubrir la belleza en todas partes. Y la belleza no es una cosa, sino una manera de ver las cosas. Por ejemplo: si no somos capaces de percibir la belleza en las personas, el problema no está en las personas que vemos, sino en nuestra mirada desenfocada.

También creo que las creencias determinan nuestra felicidad y nuestra infelicidad. Las falsas creencias nos programan para postergar la felicidad: «Serás feliz sólo en el futuro, cuando cambie tu situación actual», «sólo si alcanzas la fama y el prestigio serás feliz», «no puedes ser feliz sin las personas que estimas y las cosas que deseas», «si pierdes esto o lo otro no serás feliz», etc.

Por su parte, una sana creencia que nos lleve a una íntima confianza en Dios ayuda a la felicidad. Notemos que «felicidad» comienza con «fe». Desde esa fe, es posible la felicidad aquí y ahora. Nos la vino a mostrar Jesús, el de las buenas noticias, el del servicio, el de la acogida y del amor sin prejuicios. En un monte, él impartió su primer discurso, y lo inició proclamando una palabra: «¡Felices!». ¿Quiénes? Los pobres de espíritu, los que lloran y consuelan, los humildes, los justos, los misericordiosos, los limpios de corazón, los pacificadores... (cf. Mateo 5, 3-10). Se aplica a Vingo... ¿Y también a Droopy? ¿Y a nosotros?

LA DICHA, ¿EN PESOS, GRAMOS O MINUTOS?

Manny Rosado

Por más de quince años he estado capacitando y acompañando a miles de adolescentes y jóvenes en temas de habilidades de vida, sociales y espirituales. Una de las preguntas claves que siempre he realizado a los jóvenes es: **¿eres feliz?** Más del 70 % han respondido que NO. ¿Cómo estamos midiendo la felicidad?, ¿por decisión o por consecuencia?, ¿como un estado o una condición? ¿Qué responderías si te preguntara en este momento si eres feliz?

Según el diario **La Nación,** en el índice de felicidad conforme a la organización británica **The New Economics Foundation** en el 2011, República Dominicana quedó en los primeros lugares de los países más felices del mundo. El estudio «Informe de felicidad y satisfacción con la vida» contempló la respuesta que dieron los ciudadanos al preguntárseles qué tan felices eran. Consideró 143 países que congregan al 99 % de la población del planeta.

¿FELIZMENTE INFELIZ?

Sin embargo, en el 2012, el periódico Acento nos presentó una realidad distinta, en donde nuestro país fue posicionado como el segundo menos feliz de Latinoamérica. Un alto índice de desempleo reduce la felicidad incluso de quienes trabajan, revela el informe del Earth Institute, auspiciado por ONU. ¿Qué está pasando?

Es cierto que en la actualidad estamos careciendo de modelos a seguir. La inmediatez de la vida ha causado un gran vacío. Una persona muere en el mundo por suicidio cada 40 segundos. La OMS indicó que un millón de personas por año mueren por suicidio, una cantidad mayor que la suma de víctimas de guerras y homicidios.

La sociedad nos quiere imponer que, para ser felices, debemos ser «exitosos». Hay que poseer grandes fortunas. Pertenecer a cierto estatus social, entre muchas otras cosas más. ¿Es esto así o son simples percepciones? Pienso que la felicidad es cuestión de actitud y decisión.

MIS MANOS

Tuve la gran bendición de poder realizar dos maestrías empresariales en España (Coaching y Comunicación Gerencial). Mi maestra española de dirección estratégica, Concha Mendoza, dijo algo que me impactó: «Viví tres años en República Dominicana. Había una chica que iba a mi hogar a hacerme manicure (trabajo de arreglar las uñas de las manos). Un día le pregunté a esta dominicana: «¿Acaso eres feliz con tu trabajo?». Ella respondió: «Soy la persona más feliz del mundo porque me encanta y disfruto de mi trabajo. Es increíble cómo puedo llegar a conocer a tantas personas a través de las manos».

LA FELICIDAD ESTÁ EN NUESTRAS MANOS

La felicidad está en nuestras manos y en la manera en que veamos las cosas. Es equilibrio, estabilidad, pasión y plenitud. Hay que rodearse de personas que nos sumen, que aporten a nuestras vidas de manera positiva, de quienes podamos aprender. Que nos reten a ser mejores cada día. Esto, sin duda, ayudará.

No permitas que nadie pase por tu vida sin dejarte mejor y feliz.

LA FELICIDAD EN EL «MONTE»

En una ocasión, me dirigía a una academia de béisbol, cerca de un gran monte en República Dominicana. Fui a impartir unos talleres sobre habilidades de aprendizaje y para la vida, dirigidos a peloteros. Me acompañaba un maestro estadounidense. Íbamos apreciando y contemplando el trayecto y la naturaleza. En un momento, me llamó mucho la atención una pequeña casa ubicada al lado de un precipicio. Parecía que, si llegaba una gran brisa, la casita se desplomaría y caería al vacío. Pregunté al maestro: «¿Serán felices las personas que viven en esa casita, con tantas carencias, sin tener un cine cerca, un restaurante, etc.?». La respuesta del maestro fue sencilla e impactante: «Manny, ellos son más felices que tú y que yo. Son felices con lo mucho o con lo poco que tienen, con lo que conocen. ¡Nadie puede extrañar lo que no conoce!».

¿DÓNDE MÁS ESTÁ LA FELICIDAD?

La felicidad también está cuando encuentras algo que puedes hacer de gratis. Lo haces tan bien que te terminan pagando por eso. La paga no necesariamente tiene que ser monetaria. La paga puede ser una sonrisa, un abrazo, una palabra de agradecimiento, el brillo de los ojos del que has ayudado. Puede ser un suspiro de esperanza.

Si tienes por lo menos un 1 % de algo en común con otra persona, pues lucha un 100 % para mantenerlo e incrementarlo y la felicidad aumentará. Se trata de enfocarnos más en lo que nos une que en lo que nos desune. Desatar el nudo que te ataba. Amarrar el lazo de la unidad.

Si en este momento decides realizarte una prueba de ADN (examen genético que permite el diagnóstico de la vulnerabilidad hacia determinadas enfermedades hereditarias basándose en la genética, y puede ser también utilizado para determinar la ascendencia de una persona) te darás cuenta de que eres un ciudadado del mundo. No eres de donde crees que eres. Eres un ser mundial. Y la felicidad no dependerá de un lugar, de personas o espacios, pues somos de todos lados. Donde sea que estés, puedes ser feliz: es cuestión de decisión y actitud.

Decía madre Teresa de Calcuta: «No permitas que nadie pase por tu vida sin dejarte mejor y feliz».

HAZ FELIZ A UNA PERSONA CON UNA SORPRESA O UN CHISTE, UN ABRAZO O SIMPLEMENTE DEDICÁNDOLE TIEMPO DE CALIDAD.

RECOMENDACIÓN MUSICAL:
I smile Kirk Franklin
Oye, abre tus ojos Rasputín o Chayanne
Fix you Cold Play

TOLE-RANCIA

DE «MIVERDAD» A «LIBERTAD»

Yuan Fuei Liao

¿Tu verdad? No, la Verdad,
y ven conmigo a buscarla.
La tuya, guárdatela.
Antonio Machado

Cuando yo era pequeño, me gustaba hojear el periódico que diariamente llegaba a casa. En la página de las tiras cómicas había un entretenimiento que se llamaba «busca las siete diferencias»: dos viñetas aparentemente iguales pero que tenían siete sutiles diferencias entre ellas. Hoy me gustaría proponer otro juego, «busca las siete igualdades»: tomar fotos de dos personas «muy» distintas entre ellas, y descubrir por lo menos siete características que las hacen iguales. Por ejemplo: tienen igual dignidad, los dos son hijos de Dios (para los creyentes), ambos tienen los mismos derechos, las mismas necesidades, etc. A fin de cuentas, son más las cosas que unen a los seres humanos que las que nos separan. Se trata de afinar y desintoxicar la mirada en una sociedad en cuyos periódicos se resaltan noticias referidas a la falta de tolerancia: discriminaciones, abusos, xenofobia, crímenes...

CUANDO CREEMOS QUE SOLO NOSOTROS TENEMOS LA RAZÓN

Me encontraba turisteando en Sequoya Park. Estaba anocheciendo y de pronto me fue cubriendo una niebla tan densa que me era imposible ver lo que estaba a cincuenta metros de distancia. Algo así nos sucede cuando nos aferramos a nuestro único punto de vista: nos va cubriendo la intolerancia porque ese apego nos nubla, nos impide ver y aceptar ideas o percepciones distintas a la nuestra. Muchos litigios (en matrimonios, en política, en apreciación artística, etc.) tienen como base este planteamiento: «Yo tengo la razón. No piensas como yo. Luego, estás equivocado. Y punto».

Con ese planteamiento de fondo, discusiones sobre creencias pueden terminar en cruentas persecuciones. La intolerancia religiosa es una de las más negativas. Cuando una religión se adjudica el monopolio sobre la divinidad, es capaz de justificar atropellos en nombre del valor supremo: Dios.

Los años que he vivido en Nueva York me han ayudado a ser más tolerante. Es que esta ciudad es el mundo en compacto: la acogida a tantos inmigrantes la ha convertido en casa multicultural, multirracial, multirreligiosa. Dentro de un mismo vagón de tren es común encontrarse una cristiana con un ateo, un budista con un hindú, un judío con una musulmana, una agnóstica con un animista... Por fuerza, uno va aprendiendo a ser tolerante.

Así, en el pasado otoño participé en dos marchas por la paz, convocadas por un colectivo de organizaciones. Una de las marchas tenía en su ruta varias estaciones: una capilla protestante, una sinagoga, un templo sikh, una parroquia católica. Fue edificante ver a los líderes musulmanes entrar en la sinagoga para compartir la exhortación del rabino, ver a una chica en pantalones cortos sentarse en el suelo junto a un monje budista dentro del templo sikh, ver a los shintoístas inclinarse en una capilla cristiana para meditar... Ahí confirmé que otro mundo es posible si aprendemos a ser tolerantes, respetando la dignidad y las opiniones y prácticas de cada ser humano.

PREJUICIO = JUICIO PRECIPITADO

Existe un agravante: cuando la razón para apegarse a una idea está basada únicamente en prejuicios. Prejuzgar significa juzgar antes de tiempo. Es la raíz de muchas intolerancias: forjamos juicios precipitados solo por las apariencias de los demás, o por los propios miedos que nos gobiernan. A propósito de esto, Eduardo Galeano recoge un relato taoísta:

«A la hora de irse a trabajar, un leñador descubre que le falta el hacha. Observa a su vecino: tiene el aspecto típico de un ladrón de hachas, la mirada y los gestos y la manera de hablar de un ladrón de hachas. Pero el leñador encuentra su herramienta, que estaba caída por ahí. Y cuando vuelve a observar a su vecino, comprueba que no se parece para nada a un ladrón de hachas, ni en la mirada, ni en los gestos, ni en la manera de hablar».

Hay un pasaje del Evangelio en donde Jesús mismo corrigió una actitud intolerante de ciertos discípulos (Lucas 9, 46-50): *«Maestro, hemos visto a uno que echaba demonios en tu nombre, y, como no es de los nuestros, se lo hemos querido impedir». Jesús les respondió: «No se lo impidan: el que no está contra ustedes, está a favor de ustedes».* Este texto bíblico muestra la personalidad libre de Jesús: él buscaba la liberación integral de la persona y la sociedad. Cuando nos liberamos de los prejuicios, nos hacemos más tolerantes. Y cuando nos desprendemos de la intolerancia, nos hacemos aún más libres. Sobre la estrecha relación entre la tolerancia y la libertad, inventé este cuento:

IDEAS DESCABELLADAS

En aquel país todos se llamaban Amar y tenían casas y calles de distintos colores. Las bicicletas podían ser rojas, marrones, rosadas o de cualquier otra tonalidad, y los sombreros eran muy coloridos. Todo empezó a cambiar cuando Amar Gado, por la fuerza, se impuso como gobernante. Implantó una ley: «A partir de ahora, todas las ideas tienen que ser azules, y además todas las ideas deben llevar cabello».

Las calles se pintaron de azul, con muros azules y afiches azules. La mercancía del supermercado era azul, como el edificio de la escuela, la pista de patinaje, los árboles del parque, la parada de guaguas y hasta la antigua catedral. No hubo más sombrillas amarillas ni pantalones verdes. Todos oían música azul, probaban comida azul, y los perfumes olían a azul. Los pensamientos surgían azules y además con cabellos azules.

El rey Amar Gado mandó colocar un gigantesco letrero azul de ocho letras en la cumbre azul de la montaña más alta: «Miverdad». Decretó que ese tenía que ser el nombre de su reino.

Un tiempo después —no se sabe si fue porque Amar Gado se aburrió un poco con los matices azules— se modificó la ley: «A partir de ahora, las ideas, además de azules, pueden ser verdes, pero siempre que sean verdes azulados».

Pocas personas fueron las que empezaron a pensar en verde azulado, pues ya estaban acomodadas en sus ideas azules. Pero un buen día azul, un ciudadano llamado Amar Illo decidió pensar más allá de las ideas azules: sus pensamientos eran verdes cada vez más verdes. Tanto se alejó de pensar en azul que comenzó a ver todo diferente. ¡De conocer las ideas verdes pasó a descubrir ideas amarillas! ¡Incluso adquirió ideas sin cabellos!

Amar Ilis, Amar Anto, Amar Aje y otros ciudadanos, maravillados por la forma de pensar y de ser de Amar Illo, se unieron a él para tener ideas diferentes al azul. Así, de las ideas amarillas llegaron a pensar en anaranjado y hasta descubrieron ideas rojas y violetas. Amar Gado se enojó mucho. Decía que esas ideas eran «descabelladas», que estaban prohibidas, y que había que dar una lección castigando a los que pensaban diferente a azul. La guardia intentó tomar prisioneros a estos nuevos pensadores, pero ya eran tantos y tantos... Incluso de los mismos soldados nacían ideas sin cabellos. Los campos, la ciudad y todo el país volvieron a llenarse de colores: era como si unas vendas azules se hubieran caído de los ojos de sus habitantes.

Al rey todo esto le afectaba enormemente. Le daba alergia (ia-a-ah-aa-atchússss!) respirar un mundo lleno de colores. No lo aguantó más: se marchó y pidió refugio en el reino de Amor Dazado.

El pueblo entero, libre para pensar, salió a la calle para amar y celebrar una estupenda fiesta. Subieron a la cima de arcoíris y sustituyeron tres letras del nombre del país: ya no se llamaría «Miverdad», sino «Libertad».

JÓVENES EN LA POLÍTICA

Manny Rosado

Cuando somos niños, nace un deseo instintivo de ser alguien importante en el futuro. Como primera opción de muchos, SER PRESIDENTE de una nación. Luego, mientras vamos creciendo, se va cumpliendo lo que he llamado «la ley del QUESEYO», que dice: «Mientras (+) desconozco (-) entiendo (=) a no asumir el COMPROMISO».

¿Se cumple dicha ley en todos los países y en todas generaciones? No generalicemos: contextualicemos. Según Felipe Vallejos, joven chileno, estratega político en redes sociales en República Dominicana: «Los últimos eventos políticos y sociales en el mundo han cambiado la historia. Los jóvenes (18-35 años), se han hecho de un poder sostenible y cohesionado, que ha sacado del poder a dictadores como Mubarak en Egipto, y ha puesto en agenda temas tan elementales como la educación en Chile».

ALGO ESTÁ PASANDO

Estos jóvenes de países como Egipto, Chile, Siria, España, entre otros, se han manifestado debido a los tiempos de dictadura, a la falta de libertad de expresión y a limitantes en las que viven, a tal punto, que hablar de política en las reuniones de amigos es tan común como hablar de deportes.

La participación política juvenil estuvo presente durante los debates presidenciales en Estados Unidos entre Barack Obama y Mitt Romney. Afirma Felipe Vallejos que: «Se emitieron 7.2 millones de tuits (en Twitter, red social mayoritariamente ocupada por jóvenes) argumentando sobre la situación política».

¿Qué ocurre en nuestro país? Los jóvenes alegan que en la actualidad carecemos de líderes que los representen en materias sociales y políticas, ya que siempre terminan siendo los mismos políticos trádicionales quienes, en muchos casos, injustamente ocupan los cargos más importantes.

EL BIZCOCHO

Una vez, mi hermano y yo peleábamos por cuál de los dos se quedaba con el pedazo más grande del bizcocho. Justo en el momento en el que nos íbamos a entrar a los puños, mi padre, como mediador de conflictos, se acercó a nosotros y le dijo a mi hermano José: «Toma el bizcocho en tus manos y pártelo en dos pedazos del tamaño que quieras y tu hermano elegirá el que él quiera». Mi hermano, una persona sistemática y lógica, inmediatamente optó por buscar una regla de medición para medir el bizcocho y así partirlo en dos pedazos perfectamente iguales.

¡Oh santo remedio! Cuando mi hermano partió el bizcocho en dos partes iguales, hasta las ganas de pelear y de comer se me fueron. Así se evitó la tercera guerra mundial en mi casa. Mi padre fue muy astuto. En vez de pegarnos, de quitarnos el bizcocho, de comerse el bizcocho, de ponernos de castigo, como muchos padres y madres hubiesen hecho, él nos brindó la oportunidad de ponernos a pensar, de crear nuevas estrategias y de analizar. Nos brindó opciones para que aprendiéramos de algo tan sencillo que pudo haber terminado en golpes, maltrato y desunión.

Con esta experiencia, mi hermano y yo aprendimos más sobre la solidaridad, la justicia, la equidad y la resolución de conflictos. Nos ahorramos unos cuantos golpes y malas palabras. Se renovó una relación, en vez de llevarla a la destrucción. Nosotros mismos encontramos nuestras soluciones. Nos empoderamos y apropiamos del proceso. Las soluciones y respuestas no fueron dadas por un tercero. Salió de nosotros. Disfrutamos de un bizcocho que fue partido equitativamente.

La pregunta clave es: ¿Acaso nuestros políticos están partiendo el bizcocho equitativamente para que el pueblo coma a su justa medida? Nuestros jóvenes se cuestionan, pero a la vez se tornan apáticos e intolerantes a la hora de empoderarse o hablar de política.

EL TRAYECTO DE LA «MANDIOCA»

Vemos también que en otros países hay injusticias en la distribución equitativa y justa de oportunidades y en la protección de la persona.

Estuve dando seguimiento educativo a un facilitador que trabaja educando a niños, niñas y adolescentes que están viviendo las peores formas de trabajo infantil en un pequeño pueblo de Paraguay.

Mientras realizaba el proceso de coaching educativo a su espacio de trabajo, él me hablaba sobre las situaciones de trabajo infantil de sus chicos y chicas: en invierno tienen que trabajar en las plantaciones de yerba mate, que se usa para preparar el mate (té caliente) y el tereré (té frío). Los niños se cortan las manos y los pies debido al intenso frío mientras cultivan o cosechan la yerba. Son situaciones de trabajo infantil que afectan a toda Latinoamérica, en donde vemos pocas acciones por parte de los gobiernos para contrarrestar esta realidad.

Mientras conversábamos, descubrí en su mirada, en sus palabras y en sus gestos, que él también había sido víctima del trabajo infantil. Su lenguaje no verbal me lo comunicaba. Le dije: «Nunca fui afectado por el trabajo infantil y no puedo imaginar lo difícil que es. ¿Lo vivenciaste en tu niñez?». Él me respondió: «Sí: fui víctima de esta triste realidad. Cuando niño, yo tenía que desplazarme por varios kilómetros con una bolsa llena de mandioca (yuca) al hombro. Era difícil cargar ese peso por tanto tiempo. Pero lo más difícil era pasar por el parque y ver a mis amigos disfrutar, jugar y sonreír mientras yo tenía que trabajar».

En la medida que él iba relatándome su testimonio de vida, mi corazón se ablandaba. Le dije: «Valoro tanto el esfuerzo que estás haciendo. La vida te ha dado un gran privilegio de devolver a tantos niños y niñas lo que no tuviste en tu infancia: un espacio fuera de la explotación laboral infantil. Míralo como un regalo. Lo que fuimos, construye lo que hoy somos. Tú más que nadie entiendes lo que repercute en la persona el trabajo infantil. Tú más que nadie puedes mejorar la vida de esos niños porque los entiendes, porque los conoces, porque estuviste ahí».

CAMBIO DE MENTALIDAD

También es cierto que se está provocando un cambio de mentalidad en muchos jóvenes de todas partes del mundo y en nuestro país. En República Dominicana, temas como la defensa de Los Haitises,

Loma Miranda, Punta Catalina, el 4 % por la educación, la reforma fiscal y la Marcha Verde en contra de la impunidad son muestras de que los jóvenes sí se preocupan y les duele su país.

Es el momento ideal para que comencemos a asumir el compromiso de ser líderes partícipes del cambio y de dar la cara a la situación, para así llevar al país a un terreno en donde se respire aires de paz y tolerancia.

«Cuando Dios dispone, también pone, no importa quién se opone». Hagamos propuestas y accionemos, que Dios en su tiempo, dispondrá a su JUSTA medida.

USA TUS REDES SOCIALES (FACEBOOK, TWITTER, INSTAGRAM, ETC.) Y ENVÍA MENSAJES DE ESPERANZA Y EMPODERAMIENTO SOCIAL.

Crea el hábito de escribir mensajes constructivos en las redes sociales.

RECOMENDACIÓN MUSICAL:
Juventud de vida Manny Rosado ft. Militantes del Señor y Starlin Quéliz
Es tiempo de cambiar Juanes
Me desahogo Vico C

DOMI-
NIO
PROPIO

LA VOLUNTAD DE TENER FUERZA DE VOLUNTAD

Yuan Fuei Liao

Definitivamente, es una de las frases «molestas» del Evangelio. Jesús dijo: «*Si alguien te golpea en la mejilla derecha, ofrécele también la otra*» (Mateo 5, 39). ¿Cobarde resignación? No. ¿Fuerza de voluntad? Sí. Es más audaz una persona capaz de vencerse a sí misma que alguien incapaz de controlar sus propios impulsos. Aquí el verdadero poder no está en la fuerza de una mano para golpear, sino en la fuerza de una voluntad para dominarse. Solo quien puede dominarse podrá soportar con estoicismo otro golpe en la vida.

Para eso, para aplomarse, hay quienes promueven ejercicios de concentración y de respiración, algunos sugieren libros de autoayuda, otros recomiendan rodearse de personas muy disciplinadas... Me limito en este artículo a compartir cuentos que puedan iluminarnos en la búsqueda del dominio propio. El primer cuento que presento lo escribí hace unos años:

INDÓMITO DOMADOR
Dominar animales salvajes en el Circo del Coyote era su pasión desde la infancia. Empezó entrenando perros. Pasó al rodeo de caballos. De ahí se dedicó al espectáculo de las focas. Saltó al número de los elefantes. Probó con el show de los osos, y terminó domesticando tigres y leones. Era el más capaz. Inició toda una escuela de domadores. Cada noche, en el escenario, no había una bestia que no sucumbiera mansamente ante sus órdenes. Luego se retiraba con los suyos. Y cuando se quedaba solo en su habitación, estallaba, se enfrentaba con su frustración: era incapaz de domar aquella fiera.

Saber dominar a otros y no saber dominarse es frustrantemente infructuoso. Hay quienes piensan que el Cielo y el Infierno empiezan aquí y ahora. La presencia de uno o del otro en la vida de alguien dependerá de la capacidad para contenerse. Este cuento viene de Japón, y nos retrata esta realidad:

LA PUERTA DEL CIELO Y LA PUERTA DEL INFIERNO

Un guerrero samurai fue a ver al maestro Hakuin y le preguntó:
—¿Existe el Infierno? ¿Existe el Cielo? ¿Dónde están las puertas que llevan a uno y al otro? ¿Por dónde puedo entrar?
Hakuin le respondió con una pregunta:
—¿Quién eres?
—Soy un samurai —le respondió el guerrero—, un jefe de samurais respetado por todos.
Hakuin se rió y contestó:
—¿Un samurai, tú? Pareces un mendigo.
Sintiendo su orgullo herido, el samurai desenvainó su espada y ya estaba al punto de matar a Hakuin, cuando este le dijo:
—Acabas de abrir la puerta al Infierno.
Inmediatamente el samurai entendió. Puso de nuevo la espada en su cinto. Y Hakuin dijo:
—Acabas de abrir la puerta del Cielo.

Tantas veces uno piensa que posee algo, cuando en realidad es ese algo que posee a uno. Cuando esto ocurre, es un síntoma de que se ha perdido el autocontrol. Usualmente, la persona que tiene autodominio es desprendida, pues vive con el reto de no apegarse a las cosas, para que las cosas (ni las pasiones) la posean. Sobre esto trata el siguiente cuento de la India, relatado por Anthony De Mello:

EL DIAMANTE

El sannyasi había llegado a las afueras de la aldea y acampó bajo un árbol para pasar la noche. De pronto llegó corriendo hasta él un habitante de la aldea y le dijo:
—¡La piedra! ¡Dame la piedra preciosa!
—¿Qué piedra? —preguntó el sannyasi.
—La otra noche se me apareció en sueños el Señor Shiva —dijo el aldeano—, y me aseguró que, si venía al anochecer a las afueras de la aldea, encontraría a un sannyasi que me daría una piedra preciosa que me haría rico para siempre.
El sannyasi rebuscó en su bolsa y extrajo una piedra.

—Probablemente se refería a esta —dijo mientras entregaba la piedra al aldeano—. La encontré en un sendero del bosque hace unos seis días. Quédate con ella.

El hombre se quedó mirando la piedra con asombro. ¡Era un diamante! Tal vez el mayor diamante del mundo, pues era tan grande como la mano de un hombre. Tomó el diamante y se marchó. Pasó la noche dando vueltas en la cama, totalmente incapaz de dormir. Al día siguiente, al amanecer, fue a despertar al sannyasi y le dijo:

—Dame la riqueza que te permite desprenderte con tanta facilidad de este diamante.

De la sabiduría oriental pasamos a la occidental. El próximo cuento intenta mostrarnos que la fuerza de voluntad está en nuestra mano. A fin de cuentas, es uno mismo que decide dominarse o no.

EN TUS MANOS

En una ciudad de Grecia vivía un sabio famoso por tener la respuesta para todas las preguntas. Un día, un adolescente, conversando con un amigo, dijo:

—Creo que sé cómo engañar al sabio. Voy a llevarle un pájaro que sujetaré en la mano, y le preguntaré si está vivo o muerto. Si dice que está vivo, lo apretaré y una vez muerto lo dejaré caer al suelo; si dice que está muerto abriré la mano y lo dejaré volar.

El joven llegó hasta el sabio y le hizo la pregunta:

—Sabio, el pájaro que tengo en la mano ¿está vivo o muerto?

El sabio miró fijo al joven y le dijo:

—Muchacho, la respuesta está en tus manos.

¿Pero qué se puede hacer cuando no se tiene ni la voluntad para tener fuerza de voluntad? Los cristianos creemos que el dominio de sí es un fruto del Espíritu Santo (cf. Gálatas 5, 22-23). Cuando nos fallen nuestras propias fuerzas, podemos pedir y recibir el poder del Espíritu de Dios que nos regala su gracia para autodominarnos. El último relato que presento pertenece a la tradición cristiana de los padres del desierto. Nos enseña que alguien que ora y practica las virtudes (no importa su edad) vive con dominio de sí, y llega a ser como un maestro:

EL ANCIANO Y EL JOVEN

Un anciano tenía un discípulo de probada virtud. Un día se enfadó y despidió al discípulo. Pero el discípulo se sentó fuera de la celda, esperando. Cuando el anciano abrió la puerta, lo encontró sentado allí, y arrepentido ante él, le dijo:

—Tú eres mi padre, porque tu humildad y paciencia han vencido mi estrechez de ideas. Ven adentro. Desde ahora tú eres el anciano y el padre, y yo el joven y el discípulo, porque con tu conducta has superado mi ancianidad.

EL LADRILLAZO

Manny Rosado

«Hace un tiempo atrás, un hombre de negocios muy exitoso iba manejando por la autopista en su vehículo del año, un Bugatti Veyron. Se dirigía a alta velocidad a su trabajo. De un momento a otro, siente el impacto de algo que se estrella repentinamente en la puerta de su vehículo de lujo. Al instante, el hombre perdió el "control", se llenó de ira e hizo un giro en U para devolverse a buscar al culpable de dicha hazaña».

¿CUÁL SERÍA TU REACCIÓN SI ESTO TE HUBIERA OCURRIDO?

Es visible que, en muchos de los casos, el instinto ante una situación como esa pueda llevarnos a reaccionar con ira, violencia y desesperación. Algo se nubla en nuestro cerebro y no solemos investigar el porqué de las cosas en momentos de dificultad.

Si no aprendemos a identificar y a controlar los cambios fisiológicos que ocurren en nuestro cuerpo (ritmo del corazón acelerado, sudoración, respiración agitada, músculos tensionados, pupilas dilatadas, etc.) en momentos de miedo, ira y disgusto, mucho más difícil se nos hará controlar nuestras emociones, que nos llevarán a tomar decisiones apresuradas. ¡Controlo mi fisiología para luego controlar mis emociones!

«El hombre identifica a un niño de nueve años que tiene en las manos la evidencia, el ladrillo. Sin titubear, agarra al niño, lo pega contra la pared y violentamente le dice: "¿Te estás volviendo loco?, ¿qué haces?, ¿cómo te atreves a dañar mi vehículo de lujo?", entre un sinnúmero de palabras obscenas».

¿CÓMO ESTÁS ABORDANDO LAS SITUACIONES QUE NO PUEDES CONTROLAR EN LA VIDA?

Si eres de los que están poniendo la situación de dificultad por encima de la relación con las personas, es muy probable que tus problemas se mantengan por mucho más tiempo. Cuando entendamos que debemos proteger a la persona por encima de todo, comenzaremos a humanizar las situaciones. Veremos al ser humano como un ente con necesidades diferentes, que está en la tierra con la gran posibilidad de errar y que necesita ayuda.

«El niño comienza a llorar mientras les invade un silencio incómodo. El niño expresó: "Disculpe, señor, no sabía qué hacer. Le lancé ese ladrillo porque nadie se detenía a ayudarme". Señaló hacia donde estaba su hermanito de cuatro años tirado en el suelo. "La silla de ruedas se descarriló y no tengo fuerzas para levantarlo. ¿Podría usted ayudarme a levantarlo?", suplicó el pequeñito».

MÁS ALLÁ DE LOS PREJUICIOS

Muchas veces tendemos a crear prejuicios de personas y situaciones sin antes investigar. Recuerdo que hace muchos años, conocí a una persona que se vestía muy diferente a mí. Comencé a juzgarla por su apariencia. Él, por su parte, me juzgaba a mí por como yo me vestía. Exteriormente éramos muy diferentes y era algo evidente. Luego la vida nos unió en una experiencia de crecimiento personal y espiritual, y un día lo vi tocando guitarra. Me acerqué a él. En ese momento descubrimos que a ambos nos apasionaba mucho la música, el canto y la composición.

Comenzamos en ese justo momento a cantar juntos. A partir de ahí descubrimos que teníamos más cosas en común y que nos unían que cosas que nos alejaban. Gracias a que tuvimos la oportunidad de conversar y compartir, surgió una de las mejores amistades que he tenido en mi vida, la cual nos llevó a hacer música juntos por muchos años. Todo esto pudo haber sido interrumpido si nos hubiésemos conformado con lo que veíamos exteriormente y lo que nos desagradaba uno del otro. Los prejucios muchas veces son miedos que nos impiden conocer la verdad. ¡Romper con ellos es el verdadero reto!

«El hombre quedó impactado ante tal situación. Tragó en seco. Sacó un pañuelo de su bolsillo y ayudó a limpiar las heridas del pequeño. Lo levantó. Lo sentó en la silla de ruedas. El niño de nueve años le dijo: "Dios lo bendiga, muchas gracias". El hombre, con mucha nostalgia y un gran nudo en la garganta, observó cómo empujaba con dificultad la silla de ruedas dirigiéndose hacia una casa muy humilde».

¿ES DIFÍCIL PARA TI REINVIDICARTE CUANDO ACCIONAS POR IMPULSO O DE UNA MANERA DIFERENTE A LA QUE DESEAS?

Perdonar es recordar en paz. Es actuar con humildad ante alguna situación en la que fallamos. Es cuando con más eficiencia lograremos resolver nuestras situaciones. El cerebro humano está programado para dar respuestas rápidas; en esos momentos, dedica tus energías primero a escuchar a todas las partes (de lo ocurrido y lo que dicta tu corazón) y luego acciona.

«El ejecutivo todavía no ha reparado la puerta de su vehículo. Ha mantenido la abolladura que le hizo el golpe del ladrillo pues así recordará no ir por la vida tan rápido y tan distraído y que alguien no tenga que lanzarle un ladrillazo para que pueda prestar atención a las realidades sociales que le rodean. Así también podrá escuchar el susurro de Jesús que le dice: "Este es el momento de estar más pendiente de los demás, de tener más fe y accionar"».

> Los prejucios muchas veces son miedos que nos impiden conocer la verdad. ¡Romper con ellos es el verdadero reto!

HAY MUCHAS REALIDADES DIFÍCILES EN NUESTRO PAÍS

Problemas del tránsito. Basuras en la calle. Mucha corrupción e impunidad. Niños, niñas y adolescentes en situaciones de calles y en conflicto con la ley. La inseguridad social. La falta de valores en los hogares y familias disfuncionales. La injusticia social y las pocas oportunidades... Todo esto quiere sacarnos de nuestros cabales. Son situaciones que a diario vemos en primera plana o al salir a las calles. Problemas sobre problemas.

Es decisión tuya esperar a que un «ladrillazo» traducido en una enfermedad, en dificultad, en algunos de los problemas antes mencionados, etc. se te pegue para que comiences a mejorar tu realidad. O quizás podrías aprovechar este momento para estar más atento a lo que Dios quiere que hagas en bienestar tuyo y de la sociedad.

Dios frecuentemente nos susurra en el alma y en el corazón, pero hay veces que tiene que lanzarnos un «ladrillazo» para ver si de verdad le prestamos atención. ¿Estás dispuesto a escuchar ese susurro o esperarás el «ladrillazo»?

LLAMA A ALGUIEN QUE ESTÉ PASANDO POR UNA SITUACIÓN DE PROBLEMAS Y BRÍNDALE PALABRAS DE ALIENTO.

Puedes, de igual forma, hacerlo vía WhatsApp (escrita o por nota de voz).

RECOMENDACIÓN MUSICAL:
Todo a pulmón Miguel Ríos
Mi luz Manny Rosado
El faro de los ahogados Pedro Aznar

AUTEN-
TICIDAD

¿ORIGINAL O FOTOCOPIA?

Yuan Fuei Liao

La chica detestaba ser del montón:
se salió del montón para unirse al montón de gente
que se había salido del montón.

Cuando yo estudiaba Diseño Gráfico, un profesor nos puso a crear imágenes degradadas usando la técnica de sacar fotocopia de fotocopia de fotocopia. Así se lograba un efecto de alto-contraste. Aquello me motivó a pensar en el valor de la autenticidad. Ya sospechaba que había personas que, por carencia de autenticidad, eran como fotocopias de fotocopias de fotocopias de otras personas, presentando unas imágenes degradadas de sí mismas. En efecto, hay un alto contraste entre alguien auténtico y otro que no lo es.

La realidad es que todos los seres humanos nacemos auténticos. Los creyentes agregamos: «Dios no nos hizo en serie, sino en serio» (Martín Valverde). Nos creó tan originales que no hay repetición de huellas dactilares: él rompió todos los esquemas y moldes al momento de crearnos para no volver a usarlos jamás.

GENTE DE SEGUNDA MANO

Sin embargo, existe un peligro: convertirnos en «gente de segunda mano». Todos hemos sido condicionados mentalmente a lo largo de la vida, «todos nacemos siendo muchos» (Heidegger). Dicho en otras palabras: «Somos un manojo de prejuicios» (Mark Twain), «somos lo que nos han hecho» (Carlos G. Vallés). Este último, autor jesuita, nos lo detalla más en su blog:

«Vivimos vidas de "segunda mano" creyendo lo que nos dicen y haciendo lo que nos mandan, y nos falta vitalidad, originalidad... Yo también me consideraba original, independiente, libre, creativo, personal. Yo era quien mandaba en mis opiniones y yo era quien definía mis creencias. Obraba por convicción. Pero en realidad no era así. Mis "convicciones" eran el resultado de lo que yo había visto, vivido, aprendido, imitado, internalizado sin caer en la cuenta de que me venía de mis padres ante todo, de mi entorno, de mi ambiente, de mi colegio, de mis profesores, de mis directores espirituales. Todo ello estaba muy bien, pero "mis" convicciones no eran precisamente "mías". También a mí me hizo Dios, pero mi manera de ver, de pensar y de reaccionar quedó condicionada desde un principio por la manera de ver de quienes me rodeaban. Y eso sin caer yo en la cuenta. Ese era el peligro.» (www.carlosvalles.com)

¿DÓNDE VA VICENTE? DONDE VA LA GENTE

Vivimos en una sociedad bombardeada por anuncios publicitarios que nos venden desde marcas hasta estilos de vida. En medio de ella, mantener unos criterios propios resulta ir contracorriente. Los más vapuleados por los medios de comunicación son los jóvenes. Sobre el tema de la explotación comercial de los jóvenes, sugiero la lectura del libro «Marcados», de Alissa Quart. Entre otras cosas, ella afirma: «Los adolescentes están tan preocupados o más que sus padres por tener suficiente dinero y mantener su estatus social, un temor que, según les han enseñado a pensar, se combate ante todo llevando más marcas. Y han comenzado a ponerse marca a sí mismos».

TRIBUS URBANAS

A veces el deseo de rebelarse contra este tipo de sociedad establecida lleva a la creación de contraculturas (es lo que retrata el microrrelato con el que inicio este artículo). Pero esta protesta no amortigua la necesidad de ser aceptados por los demás, por lo que muchos jóvenes se integran en «tribus urbanas» en donde se corre el riesgo de sacrificar la genuina identidad por un conjunto de rasgos estereotipados por su propia colectividad.

En Nueva York, ciudad donde vivo, he encontrado todas estas subculturas juveniles: punks, hip hoppers, metaleros, skinheads, emos, góticos, neohippies, otakus, etc., y hasta grupos cristianos sin autenticidad que son puros imitadores de predicadores con estilos copiados. Estos grupos se han formado como respuesta a las necesidades de aceptación, integración y pertenencia. Hay quienes se unen para no quedarse «fuera de la onda», y así encontrar un lugar de refugio.

En definitiva, queriendo ser auténticos, muchos terminan siendo fotocopias.

No vamos en contra de las agrupaciones juveniles. El punto está en cómo lograr, en medio de toda la presión social, ser una persona genuina, verdadera, original, real, positiva y sincera. Algunos dicen que esta palabra, «sincera», tiene un origen curioso: en el pasado, cuando alguna estatua se deterioraba, muchas de sus partes eran reemplazadas por prótesis de cera. De ese modo, cuando se trataba de evaluar el valor de una estatua auténtica, se decía: «Esta no tiene cera, es sin cera» (es decir, de una sola pieza, sin agregados). Una persona auténtica es, pues, de una sola pieza: sin-cera.

«PIRATERÍA DE PERSONALIDAD»

La ausencia de sinceridad debilita enormemente la autenticidad. Para los neoyorquinos es un secreto a voces el hecho de que, en algunos rincones de Chinatown, se consiguen imitaciones de productos «de marca»: copias baratas que lucen genuinas. ¿No será también que la falta de autenticidad en nuestra vida abarata la «marca divina» que el Creador nos imprimió cuando nos hizo con su mano?

Anthony de Mello, en su taller de Autoliberación Interior, nos hacía una atrevida propuesta: «No imites a nadie, ni siquiera a Jesús. Jesús no era copia de nadie. Para ser como Jesús, has de ser tú mismo, sin copiar a nadie, pues todo lo auténtico es lo real, como real era Jesús».

Imitar a los demás para agradar a la gente nos hace ser lo que no somos. La falsa apariencia es una «piratería de personalidad», excusa barata para no arriesgarse a encontrar la propia esencia. Por el contrario, cuando se adquiere la libertad de ser uno mismo, aceptándose y valorándose, entonces sale a flote la maravillosa personalidad de un ser humano libre y auténtico.

ACERTIJO

A un amigo mío le gusta plantear este acertijo: «Si para cavar un hoyo preciso de tres horas, ¿cuánto tiempo necesito para cavar medio hoyo?». Muchos caemos en la tentación de responder con prisa: «Una hora y media». Allí es cuando mi amigo se ríe y aclara: «Un hoyo es o no es. ¡No existen "medio hoyos"! Tan pronto metes la pala, ¡ya has hecho un hoyo!». Aplicado a nuestro tema: se es auténtico o no se es. ¿Acaso podemos ser «medio auténticos»? La invitación es a forjar criterios propios, fruto de la reflexión responsable, para no ser títeres o sombras de otros, y vivir con autenticidad.

Como de costumbre, termino con un cuento. Lo escribí como parábola abierta a muchas interpretaciones sobre el tema de ser auténtico o ser «sombra»:

SOMBRAS NADA MÁS

Descubrí que podía congelar mi sombra y luego tomarla y moldearla. Inyectándole creatividad, logré hacer con ella una escultura, obra maestra digna de los más cotizados museos. Todos los críticos de arte, los curadores de museos y los cronistas de estética exaltaron la consistencia del volumen de mi singular estatua, hecha de un extraño material: sombra. Tanto sublimaron mi obra que, siendo su autor, pasé a un segundo plano: me convertí en una sombra. Entonces alguien descubrió que podía congelarme y tomarme y moldearme... Lejos de preocuparme, me sentí afortunado: «Pronto seré una sombra digna de los más cotizados museos».

EN LA SIMPLICIDAD

Manny Rosado

Me encuentro escribiendo desde Taizé, un pequeño pueblo de la Borgoña francesa. Decidí vivir una experiencia de voluntariado social y de fe por tres meses en un monasterio ecuménico que acoge a miles de jóvenes cada semana. «El ecumenismo es la tendencia o movimiento que busca la restauración de la unidad de los cristianos».

Ha sido una experiencia de formación integral en todos los aspectos de mi vida, partiendo desde el hábito que he asumido de asistir a las tres oraciones comunitarias diarias que se realizan. Formación bíblica, tiempo de interiorización y de escritura, realización de trabajos y quehaceres...

EL FUNDADOR DE LA UNIDAD

La Comunidad de Taizé surgió por una intuición de este hombre suizo, Rogèr Schutz (1915-2005), protestante calvinista, que desde chico tuvo una fuerte atracción por el modo de celebrar la fe de la Iglesia Católica. Empezó a darse en su interior una serie de planteamientos acerca de cómo vivir la fe. Desde entonces sintió un fuerte llamado a la búsqueda de la comunión entre los cristianos, que es lo que persigue el «ecumenismo»: la unidad de los cristianos.

En 1940, durante la Segunda Guerra Mundial, Rogèr viajó a Francia con la idea de encontrar una casa en la cual pudiera acoger a los que buscaban un refugio por causa de la guerra, y en la que un día hubiera una comunidad. Llegó a Cluny, y le informaron de una casa en Taizé. Después de rezar, decidió quedarse allí. Un tiempo después su «centro de refugiados» fue descubierto por la policía y clausurado. Rogèr se trasladó a Ginebra, Suiza. Se le unieron dos jóvenes y empezaron a vivir en comunidad. En 1944 se mudaron definitivamente a Taizé. En la Pascua de 1949 hicieron su compromiso para toda la vida. Estos jóvenes tenían una vida monástica, abocada a la oración, la contemplación y el silencio.

Sin duda alguna, el hermano Rogèr era un hombre que emanaba una paz enorme. Era un fiel amigo del papa Juan Pablo II. Todos y todas querían conocerle. Su rostro transfiguraba el amor de Jesús. Este santo hombre de Dios se despidió del mundo de una manera trágica pero emblemática.

Fue apuñalado, a sus 94 años de edad, por una señora con trastornos mentales, en la oración comunitaria de la noche, en la iglesia de la «RECONCILIACIÓN» de Taizé, en el 2005; el mismo año que falleció el papa Juan Pablo II.

Misteriosamente murió haciendo lo que le gustaba. Las últimas palabras del hermano Rogèr mientras esperaban los primeros auxilios fueron: «CONTINÚEN». A petición del hermano Rogèr, los hermanos de la comunidad continuaron la oración comunitaria de la noche. Qué poder tan auténtico de esta comunidad: a pesar del dolor, con el anuncio lleno de tristeza de que el hermano Rogèr había muerto, la oración de la noche CONTINUÓ hasta terminar. Era lo que él deseaba y se cumplió.

La base de la autenticidad en la simplicidad está en la «continuidad». Dar continuidad a nuestro pensar, a nuestras costumbres, a nuestra cultura, a nuestra fe. Sin importar qué, dejando semillas que beneficien a los demás. «Aunque nuestro corazón llegara a condenarnos, Dios es más grande que nuestro corazón» (1 Juan 3, 20).

LO QUE NO HICE EN MI CASA

En esta experiencia de trabajo comunitario he acogido niños(as), adolescentes, jóvenes y sus familias que vienen de los cinco continentes del mundo. Preparar el desayuno y el té para más de cuatro mil personas; limpiar baños, inodoros y alcantarillas; trabajar en carpintería, cocinar, limpiar, lavar, fregar... Mis amigos me dicen: «Fuiste a Francia a hacer lo que nunca has hecho en tu país». Entendí que vivir la autenticidad cívica y cristiana es buscar el rostro de Dios en la simplicidad de la vida, no importando cómo ni dónde. ¡Lo importante es comenzar a hacer!

> La base de la autenticidad en la simplicidad está en la «continuidad».

Mi madre le preguntó a mi hermanita (en ese momento tenía seis años) que si le interesaba ir a Francia y ella respondió: «NO, porque no quiero ir allá a limpiar inodoros». Ella no entendía todavía sobre la simplicidad y el rol que estoy desempeñando en mi viaje. Yo tampoco lo entendía. Esta experiencia me ha llevado a descubrir que, cuando acciono mediante pequeños detalles, Dios a su tiempo los ensancha y los engrandece.

Con lo poco, la imaginación crece y se ve forzada a crear belleza a su alrededor. Conocer personas de todas partes del mundo me ha hecho ver la autenticidad de la cultura latina: el calor humano, la cercanía, la afinidad con la familia, la alegría y el baile que nos caracteriza. Sin duda alguna, somos privilegiados.

La Comunidad de Taizé está dirigida por monjes que pertenecen a diferentes religiones (católicos, ortodoxos, anglicanos, luteranos, etc.). A su vez, son de diferentes nacionalidades. Increíblemente, han encontrado un punto de convergencia en el amor a Jesús, para poder convivir y trabajar por y para los jóvenes y sus familias que visitan la comunidad. Se enfocan en el amor al servicio y el amor a Dios, sin quitarles valor a los ritos de sus religiones y respetando los ritos de los demás.

LA ESCUCHA AUTÉNTICA

Como trabajador voluntario de la comunidad, me asignan un mentor, que me acompaña en todo mi proceso de crecimiento espiritual y humano. El hermano (fray o monje) de Taizé, asignado para mí, se llama Fr. Etienne. Me acompaña semanalmente por una hora. No me cuestiona ni me dice qué hacer, simplemente me escucha.

Es la primera vez que un líder me dedica tanto tiempo de calidad. Me ha puesto a pensar tanto en mí. ¿Cuánto tiempo de calidad estoy ofreciendo al que más necesita? ¿Por qué me alejo tanto de las personas? Me ha llevado a un proceso tan profundo de autoreflexión. Y solo me escucha y con pocas palabras me brinda luz.

HOY CALLO

Hoy callo para poder ESCUCHAR.
Hoy callo para lograr ENTENDER.
Hoy callo para verme tal como SOY.
Hoy callo para VER más allá.
Hoy callo para AGUDIZAR mis sentidos a su amor.
Hoy callo para BENDECIR desde lo más adentro.

«ESCUCHAR activamente ayuda a ENTENDER que SOY capaz de VER y AGUDIZAR mis acciones para BENDECIR a otros».

El tiempo en la Tierra no nos pertenece. Aprovechémoslo para marcar vidas. ¡Pero ya!

EN ESTE VIAJE, ANDO CORTO DE EQUIPAJE...

...abriéndome a nuevas experiencias. Dejé atrás mi país, familia, amigos, trabajo, agrupación musical... La distancia me ha mostrado que tenía todas estas cosas tan cerca de mí, que me estaban impidiendo verlas a la cara. Sé que, al volver a casa, podré verlas no solo a la cara sino el cuerpo completo de las situaciones. De regreso sé que podré valorarlas de manera más auténtica. Según el novelista George Elliot: «Nunca es demasiado tarde para que seas lo que podrías haber sido».

Vivir la simplicidad es trabajar en base a los pequeños detalles: un abrazo constante, un «te quiero» duradero, un «te amo» sostenible, una sonrisa sincera, un «buenos días». «Muchas pequeñas cosas, harán una gran cosa». Es decir, muchos pequeños «te amo» harán que tu madre, padre, hermano o pareja se enamore más de ti. Diciéndolos y demostrándolos...

Ser auténtico es respetar al otro en la totalidad y no solo en una etapa de su vida, sin importar religión, cultura ni raza. Avanzaré en este viaje, recordando que todo el que llegó donde está, comenzó donde estaba. «La simplicidad nos guiará a desprendernos de las cosas para poder acoger con mayor intensidad al prójimo». Cito al hermano Rogèr, fundador de la Comunidad de Taizé: «Dios se ocupa de lo que te preocupa».

> Si quieres saber más sobre Taizé, visita su página: www.taize.fr

BUSCA UN ÁRBOL.
SIÉNTATE JUNTO A ÉL.
CONTEMPLA TU ALREDEDOR.
CIERRA LOS OJOS.

Disfruta del silencio. Dura unos diez minutos en silencio. Enfócate en encontrar paz. Después de todo lo contemplado, elige algo que te llamó la atención y descubre lo que Dios te quiere decir con ello.

RECOMENDACIÓN MUSICAL:
Silencio que habla Manny Rosado
Silence that talks Manny Rosado
Mi árbol y yo Alberto Cortez

PRU-
DENCIA

EQUILIBRISTAS EN UNA CUERDA... (¡DIGO!) UN MUNDO FLOJO

Yuan Fuei Liao

Es divertido ver a JuanFra tambaleándose. Cuando siente que va a caerse hacia un lado, inclina su cuerpo al otro flanco: se equilibra. Camina con pasos de pingüino. No es para menos: mi hijo apenas tiene un año y cinco meses. A veces está en mi cama y resuelve descender al piso. Como la cama es alta, JuanFra baja en reversa, con los pies colgándose en el aire, buscando el equilibrio. Ojalá que muchos que hemos dejado de ser niños aprendamos el equilibrio como JuanFra. Cuando él sea mayor sabrá otro nombre para llamar al equilibrio en la vida: prudencia.

La prudencia es la cualidad que nos hace actuar con reflexión y precaución para evitar posibles daños. Según el diccionario de la Real Academia de la Lengua Española, prudencia se define como: «Una de las cuatro virtudes cardinales, que consiste en discernir y distinguir lo que es bueno o malo, para seguirlo o huir de ello». Y son sus sinónimos: templanza, cautela, moderación, sensatez y buen juicio. Se dice que una persona prudente es equilibrada.

Alguien equilibrado significa que no es extremista, que no se fanatiza, que no anda sobrepasándose cuando toma decisiones: no actúa por simples impulsos. La mano enemiga contra la prudencia tiene cinco dedos: precipitación, desconsideración, negligencia, inconstancia e ignorancia. Imprudente sería uno que no piensa, irreflexivo, que se deja cegar por las pasiones que le hacen ver las cosas de manera distorsionada, y por tanto no sabe escoger lo correcto, lo mejor y lo conveniente.

BALANCE, ASTUCIA Y ARROJO

Leyendo la Biblia, encontré este dicho: *«La sabiduría del prudente ilumina su camino, la estupidez de los necios es puro engaño»*

(Proverbios 14, 8). La palabra hebrea para traducir prudente es: «ârûm», que significa: «astucia» o «sagacidad». Tomando eso en cuenta, la persona prudente no es aquella que se estaciona en la indecisión, desencarnada, incapaz de tomar decisiones: no es alguien que nunca asume el riesgo. Más bien, la persona prudente es el ecuánime que usa astucia y sagacidad cuando se «lanza». Hay que evitar confundir prudencia con miedo, cobardía o ausencia de compromiso.

Por eso hablamos de equilibrio: no vaya a ser que, bajo la excusa de la «prudencia», dejemos de arriesgarnos por lo que realmente vale la pena. Se trata de no perder el balance de lo esencial. Monseñor Oscar Arnulfo Romero, mártir de la justicia, fue valiente y arrojado cuando luchó por los derechos de los pobres en El Salvador. Aun cuando era amenazado de muerte, no se escudó en una falsa «prudencia» para no decir lo que tenía que denunciar. No perdió el equilibrio ni se desvió del camino que había escogido como justo, sino que se inclinó a favor de la vida para lograr un mejor balance: una sociedad más equitativa.

> Hay que evitar confundir prudencia con miedo, cobardía o ausencia de compromiso.

¿UNA CULEBRA CON TRES CABEZAS?

Los antiguos egipcios representaban la prudencia con una serpiente de tres cabezas: una de perro, otra de león y otra de lobo. Tal vez querían dar a entender que la persona prudente debe poseer la astucia de la serpiente, la paciencia del perro, el arrojo del león y la agilidad del lobo. ¿Logramos ese balance?

«La sabiduría del prudente ilumina su camino...». En estos días, cuando la prisa, lo precipitado y el consumo intentan arroparnos, conviene vestirnos con doña Prudencia para lograr un sensato equilibrio y no ser «desequilibrados», para no desviarnos del camino justo. Que veamos, examinemos y pensemos delante de Dios cada cosa que vayamos a hacer, con calma. Hagamos caso a nuestra conciencia, y una vez que decidamos, no temamos, sino que seamos firmes en lo que creamos que es lo mejor, sin perder el equilibrio.

Como me dedico a inventar microrrelatos, termino este artículo con uno que escribí a propósito, para que JuanFra pueda cavilar cuando sea más grande.

LA EQUILIBRISTA

De pequeña, jugaba con su padre al subibaja, pero no para subir ella o bajar él, sino para quedarse los dos con los pies suspendidos en el aire, guardando el equilibrio. Le encantaba plegar figuras de origami, pues lo que doblaba en un lado, lo repetía en el otro. Cuando dibujaba algo en el colegio, lo hacía con simetría; no había manera de hacerle pintar figuras que no fueran simétricas.

Estudió Economía en la universidad, buscando contribuir a lograr más equilibrio en el mundo: que los bienes se repartieran equitativamente para todos. Se integró a organizaciones no gubernamentales que luchaban por mayor justicia social.

Ingresó al Circo del Coyote como equilibrista. Se dedicó con tesón a buscar el equilibrio, caminando sobre la cuerda floja. A pesar de tener poca base de sustentación, se mantenía sin caerse. Todo lo hacía con maestría.

Poco a poco fue dejando lo demás: se entregó exclusivamente a su profesión de equilibrista. Era alucinante verla sobre la soga con una carretilla o en una bicicleta, incluso acarreando personas y objetos pesados. Se hizo la mejor equilibrista del mundo, a costa de muchos sacrificios: horas y horas de entrenamiento.

Sus amigos la soltaron por ausencia de contacto; sus ideales la abandonaron por falta de calor; ella misma se dejó, por no prestarse atención.

Agotada, desmontó su cuerda floja y salió del circo... para ser equilibrista.

TRANSFORMARTE, PINTA LA ESPERANZA

Manny Rosado

He tomado el atrevimiento de preguntar a conocidos, amigos y personas allegadas sobre qué piensan cuando escuchan la palabra «cárcel». Recibí como respuestas: «Estar en la cárcel es como la antesala de la muerte». «Algo malo». «Yo no sé... nunca he estado preso». «El que está ahí es porque se lo merece». «Un laberinto sin salida»... Quizás tengas tus propias conclusiones y probablemente no sean las más agradables.

TRAS BARROTES

Hace un buen tiempo, justo después de Semana Santa, fui junto a mi antigua agrupación musical «Mi Sostenido» a un Centro de Atención Integral para Adolescentes en Conflicto con la Ley Penal (lo que coloquialmente se conoce como la Cárcel de Menores) a llevar un mensaje de esperanza para estos chicos que viven entre barrotes (no solo barrotes físicos, sino también emocionales).

Lo que vi en aquel lugar fue algo muy consternante. Las condiciones inhumanas en las que se vive ahí dentro me hicieron agradecer a la vida por la libertad física que hoy puedo disfrutar. Recuerdo con exactitud el momento cuando la jefa de mando (policía) decía: «Saquen las celdas A, B y D para la charla que les impartirán, y recuerden dejar las celdas C y F encerradas para que no se maten aquí fuera».

FAMILIA ES FAMILIA

En medio de la charla que les impartí, les pregunté a estos chicos de 13 a 18 años: «¿Las personas culpables de que ustedes estén aquí encerrados les han venido a visitar?». De un grupo de cien chicos, solo uno levantó la mano. Luego pregunté: «Entonces ¿quiénes son los que les han dado apoyo en este proceso?». El 100 % respondió: «Nuestros FAMILIARES».

Me sentí muy agradecido de poder visualizar el papel tan importante que ejerce la familia en cada uno de nosotros; pero a la vez triste por el hecho de que somos tantas personas en este país que pudiéramos en este momento dar la mano a estos chicos conocidos como «los olvidados», y en la mayoría de los casos preferimos excluirlos. Como dice el famoso rap: «De esos amigos que eran de confianza, ninguno se acercó a pagar la fianza».

EL ANTES Y EL DESPUÉS

Sin duda alguna, fue una experiencia que marcó un antes y un después en la concepción que tenía de la palabra «cárcel», de lo que puedo hacer por aquellos adolescentes que, de una manera u otra, están gritando para hacernos saber que existen y que nos necesitan.

¡La soledad no se hizo para el ser humano! Estos chicos no se tienen más que a ellos mismos, y esto puede cambiar. Nos comentaban en el centro que necesitaban personas jóvenes, como tú y yo, para ir a hablarles de valores y brindar una nueva opción de vida a estos chicos en conflicto con la ley.

TODAVÍA HAY ESPERANZA

En esa búsqueda insaciable del cambio de accionar y mentalidad, me he encontrado con una increíble iniciativa que realiza la Pastoral Penitenciaria en el centro de adolescentes penalizados por la ley. A pesar de las grandes limitaciones y carencias, brinda la oportunidad de que los adolescentes realicen interesantes representaciones artísticas. Además de ser un canal de expresión de su creatividad y sentimientos, posibilita su aprendizaje. A través de un enfoque de educación artística pedagógica, este taller constituye un espacio para la reeducación, logrando fortalecer en ellos valores como la autodisciplina, el respeto y la tolerancia.

Es un trabajo de reeducación en preparación para la reinserción de estos chicos a la sociedad. Es increíble ver a una señora, muy avanzada en edad, que padece de un cáncer que le ha hecho metástasis en todo su cuerpo: ella trabaja con tanto amor y devoción en estos talleres de pintura con todos los adolescentes. Entonces ¿quién dice que tú no puedes? Hay que romper con las barreras mentales que nos imposibilitan a la hora de accionar por el bien común.

TRANSFORMARTE

La Procuraduría de la República, la Vicaría de Pastoral, Unicef y la Pastoral de Adolescentes realizaron una exhibición de estas obras y creaciones de los muchachos del Centro de Privación de Libertad de Najayo, que se denominó «TransformARTE». Los chicos, en un museo fuera del centro penitenciario, realizaron una demostración de los dibujos, pinturas, reciclajes y otros tipos de artesanías que han realizado en el taller.

«Estuve en la cárcel y fueron a verme... Les aseguro que todo lo que hicieron por uno de estos hermanos míos más humildes, por mí mismo lo hicieron» (cf. Mateo 25, 36- 40).

Es hora de ayudar a nuestros semejantes. El universo entero se asemeja a ti. Colabora con el que está a tu lado. Sé como la tierra fértil en la que la semilla, sin pedir permiso, germina y brota. Debemos aprovechar este tiempo en la Tierra para que el amor y la solidaridad nazcan en nuestros corazones. De esa misma manera, extendamos la mano a aquellos que les hace falta apoyo. No basta con querer ayudar. Es preciso saber hacerlo en el momento oportuno y... ESTE ES TU MOMENTO.

VISITA UN CENTRO PENITENCIARIO PARA ADOLESCENTES O ADULTOS (HOMBRES O MUJERES).

Lleva algún tipo de apoyo (charla, donación, oración, etc.). Puedes hacerlo con una fundación, con un grupo de Iglesia o con tu familia.

RECOMENDACIÓN MUSICAL:
Cada día *Tercer cielo*
Amor y control *Rubén Blades*
El payaso *Marcos Vidal*
Estar contigo *Juan Arturo*
***CD Musical:** Alerta Musical*

CONS-
CIENCIA

CON CIENCIA O SIN CIENCIA ESTOY PISANDO EL PAISAJE

Yuan Fuei Liao

Impaciencia ficción:
Desesperada de vivir fuera de la realidad,
Incon Ciencia Ficción se unió a Con Ciencia Ficción.
No sabía que ambas tenían el mismo apellido.

Años atrás, yo escribía en un blog llamado «La esquina del profeta». Se trataba de unos relatos cortos sobre las ocurrencias de un personaje que incomodaba a algunos por su forma de vivir y hablar. Uno de los posts se titulaba «Inconsciencia»:

«Al profeta le gustaba dramatizar el siguiente "diálogo de ostras en lo profundo del mar":
—¿Es cierto que estamos mojadas?
—¿Mojadas? ¿Qué es eso?»

Una amiga lo leyó y escribió un comentario de tres palabras: «Es muy duro». ¡Y lo es! Visualiza la escena: dos ostras, mojadas desde su nacimiento, no se dan cuenta de que están mojadas, porque ni siquiera saben qué es estar mojadas. Ostras con su consciencia en el ostracismo: inconscientes de su realidad.

Conocimiento, percatarse de la realidad, discernimiento... son palabras vinculadas a «consciencia», vocablos urgentes para nuestros días. Hoy, que vivimos expuestos a tantos estímulos que pueden adormecer la consciencia, es preciso «despertarnos». Por eso, en mi plegaria matutina, a veces digo: «Dios, tengo sueños, pero no tengo sueño: estoy despierto. No permitas que mis sueños se duerman».

EL LAPIZ, EL DIAMANTE Y EL PAISAJE

Frecuentemente estamos rodeados de tantos «distractores» desfavorables que nos nublan y despistan: nos hacen ver solo lo negativo. «Dios teje un tapiz perfecto con los hilos de nuestra vida. Si no somos capaces de verlo, es porque miramos la otra cara del tapiz... Lo que para algunos no es más que una piedra que brilla, para el joyero es un diamante» (Anthony de Mello).

El mismo autor jesuita nos narra la siguiente historia:
«El maestro solía decir que la verdad está justamente delante de nuestros ojos y que, si no conseguimos verla, es porque nos falta perspectiva. En cierta ocasión se llevó consigo a un discípulo a subir a una montaña. A mitad de camino, el discípulo se quedó mirando la maleza con cara de poco amigo, y preguntó: "¿Dónde está el maravilloso paisaje del que hablabas?". El maestro sonrió y dijo: "Estás pisando encima de él, como podrás comprobar cuando lleguemos a la cima".» (Anthony de Mello, «Un minuto para el absurdo»).

Para percatarse de la belleza de nuestra realidad, para apreciar que estamos pisando el «maravilloso paisaje», es preciso abrirse a una perspectiva nueva. Los pensadores de Oriente le llaman a esto: «iluminación». Se trata de despertar y adquirir consciencia. Pienso que tiene relación con mirar la totalidad del conjunto y descubrir que, más allá de lo negativo que suele saltar a la vista, hay todo un caudal maravilloso que a veces no percibimos porque, aunque lo estemos pisando, aún no hemos llegado a la «cima».

JUEGOS DE PALABRAS

Utilizando juegos de palabras, propongo una triple toma de consciencia para que nuestros pensamientos, evaluaciones, comportamientos, percepciones y sentimientos, dirigidos hacia nosotros mismos, hacia nuestra nación y hacia Dios, puedan ser más «despiertos»:

! Que cada «uno» tenga consciencia sobre lo que en realidad es «uno»: único, novedoso, original.
!! Que colectivamente tengamos consciencia sobre lo que en realidad es República Dominicana: «Dominus» significa «Señor» en latín; luego, República Dominicana = República del Señor.
!!! Que personal y comunitariamente tomemos consciencia de que

Dios nos envuelve por dentro y por fuera, como ostras mojadas en lo profundo del mar: *«En Dios vivimos, nos movemos y existimos»* (Hechos 17, 28).

TRES CARTAS

Te sugiero una dinámica en tres vías:

! Escribe una carta dirigida a ti. Una carta de amistad, no de reproches. En ella colocarás palabras de afirmación para valorarte, agradecerte, animarte, incluso para perdonarte y aceptarte.

!! Escribe una carta a tu país. Imagina que la República Dominicana es una persona y le quieres expresar todo lo bueno que percibes en ella, su gente, sus recursos, a pesar de haber sido maltratada por personas inconscientes.

!!! Escribe una carta a Dios. En palabras sencillas, declárale tu gratitud y tu deseo sincero de que haya más camaradería en tu relación con él. Para escribir estas tres cartas, primero entra en ti, creando una atmósfera reflexiva. Llama la atención que, en la parábola del hijo pródigo, probablemente la más conocida de Jesús (cf. Lucas 15, 11-32), se insinúa que para que el hijo decidiera entrar en la casa del padre, primero tenía que entrar en sí, como si antes hubiera estado fuera de sí. Una vez escritas las cartas, léelas cada cierto tiempo en forma de meditación.

Cuando contemplamos la realidad en su conjunto, despertamos, y caemos en la cuenta de que hay más belleza y bondad en cada persona, en nosotros mismos y en nuestra nación, que las que solemos percibir. Nos hacemos conscientes de que Dios está más presente que el agua en un océano.

Cuando despertamos, nos responsabilizamos, reconocemos que somos parte importante del «paisaje», y sentimos el compromiso solidario de hacer más digno y habitable este paisaje para quienes también lo pisan. Respondemos a las llamadas de la consciencia social, ambiental y global.

Hace dos años tuve la oportunidad de escuchar a Ed Young, ilustrador chino-neoyorquino, artista de libros infantiles. Una de sus obras es una adaptación de un cuento hindú. Aquí lo resumo:

SIETE RATONES CIEGOS

Siete ratones ciegos encuentran «Algo Muy Raro» al lado de su laguna. Cada ratón que se acerca y toca una parte de «Algo Muy Raro» declara lo que ha descubierto: una columna, una serpiente, un acantilado, una lanza, un abanico, una cuerda. Solo el séptimo ratón investiga el conjunto y es capaz de reconocer lo que tienen delante: un magnífico elefante.

¡ALTO AL HAMBRE! «PROVOCA UN CAMBIO»

Manny Rosado

¿Has oído llorar a un niño pobre cuando el hambre deja de ser hambre y se convierte en dolor? ¿Sabías que, si República Dominicana tuviese solo cien personas, por lo menos diez padecerían hambre? ¿Ha faltado pan en tu mesa? Hay muchas preguntas que todavía esperan respuestas. No esperemos. Provoquemos el cambio que queremos tener.

EL HAMBRE ES REAL

Esta realidad parece distante pero no lo es. Hay muchas personas viviendo y pasando calamidades. En América Latina se cuentan 200 millones de pobres y 55 millones de hambrientos. Algo debemos hacer. En los últimos años he apoyado una campaña llamada «Alto al hambre», que moviliza a jóvenes y adolescentes en trece países de América Latina y el Caribe para denunciar y luchar contra el hambre. Jóvenes de diferentes religiones cristianas, comandadas por World Vision (organización cristiana ecuménica internacional de ayuda humanitaria y desarrollo) se lanzan a las calles a recolectar firmas para recibir apoyo y concienciar sobre la realidad lamentable de pobreza que existe en República Dominicana. Recaudan fondos para combatir el hambre. Son acciones admirables realizadas por personas «ordinarias» pero con una intención «extraordinaria» de ayudar. Tenemos que asumir y combatir esta problemática, tomando iniciativas que nos sensibilicen como pueblo, y de alguna manera compartir nuestros alimentos con los más pobres. Es algo que probablemente queremos, pero no solemos hacer, quizás porque no sabemos cómo.

«ALTO AL HAMBRE»

Esta acción se realiza en Cuaresma. También lo puedes hacer desde tu espacio. Se realizan «ayunos solidarios». El ayuno consiste en la oración, aportes económicos y la renuncia voluntaria de alimentos, tabaco, uso de celular o a algún gusto personal. De esta forma nos comprometemos con la población mundial que vive en situaciones de pobreza.

PLAN + ACCIÓN = RESULTADOS

En República Dominicana, la iniciativa «Alto al hambre» busca paliar la desnutrición que sufren niños y niñas menores de cinco años en la zona afectada por las crecidas del lago Enriquillo. El 50 % de lo recaudado con esta iniciativa se invirtió en proyectos de nutrición en 16 comunidades de la provincia Independencia. El otro 50 % se destinó a un fondo global para reducir el impacto del hambre en África, uno de los continentes más afectados por este flagelo social.

PLAN DE ACCIÓN

Es importante que nuestras acciones tengan un fin y un propósito, un plan de acción que priorice las iniciativas más importantes para cumplir con objetivos y metas. De esta manera, creamos una guía que brinda una estructura para llevar a cabo un proyecto.

He puesto el ejemplo de una campaña que está dando grandes resultados. En mi caso personal, tuve el sueño de trabajar por y para las poblaciones más vulnerables y con personas que viven en situaciones de alto riesgo. Por tal razón, me motivé a crear un proyecto. Este proyecto se llama «Corazones a tiempo».

A TIEMPO DESDE EL CORAZON

La fundación «Corazones a tiempo» trabaja en la prevención y rehabilitación cognoscitiva, espiritual y social de los niños(as), adolescentes y jóvenes que viven en situaciones de alto riesgo y en conflicto con la ley, y además el trabajo integral con sus familias.

Por muchos años hemos estado trabajando para reducir los niveles de crimen y violencia, y para reinsertar a la sociedad de manera sana a los adolescentes que han estado en conflicto con la ley penal. Son acciones para concienciar a la población de que el cambio se provoca si trabajamos todos unidos. Creamos una cultura de paz, promoviendo la protección integral y los derechos fundamentales de niños, niñas, adolescentes y jóvenes.

Todo esto se ha estado realizando a través de acciones puntuales, como charlas educativas, operativos médicos, conciertos con alto contenido en valores y mensajes positivos, concursos de arte, acompañamientos directos y donaciones de útiles escolares.

EL MANGO

¡Es un trabajo arduo, pero sobre todo gratificante! Recuerdo que una vez, mientras yo visitaba a los chicos del centro penitenciario en Santo Domingo, una madre de un muchacho en conflicto con la ley llegó desde la provincia de Elías Piña (un trayecto de aproximadamente seis o siete horas) para llevarle un regalo a su hijo. Esta señora que vive en pobreza extrema, lo único que pudo conseguir para su hijo fue un mango «medio podrido». Ella, con mucha pena y vergüenza, le entregó ese detalle a su hijo. Este chico lo aceptó con mucho amor.

APROVECHANDO LO BUENO

Se comió la parte buena y botó la parte mala. Sintió y valorizó el esfuerzo de su madre. Me impactó el concepto de tomar lo bueno y descartar lo malo. ¡Aprovechemos siempre lo bueno! Ambos en esta historia tienen mérito. La madre, viviendo en pobreza, con muchas limitaciones, tiene la capacidad y la motivación de ir al encuentro de su hijo penalizado por la ley. Con poco que ofrecer, no se conforma con llevar nada, sino que se esfuerza para llevar algo. El hijo, por otro lado, en vez de ofenderse por el regalo recibido, valora a su madre. Toma el presente con amor y lo usa de la mejor manera.

¿CÓMO VES EL VASO?

Recordé tanto la reflexión del vaso que tenía agua solo hasta la mitad. Muchos lo vieron medio vacío y otros lo vieron medio lleno. Tu actitud y capacidad de dar respuestas asertivas a las situaciones dependerá de cómo veas las cosas. ¡Empecemos a ver el vaso de agua medio lleno en vez de verlo medio vacío! La manera en que veas la vida dictará la actitud que impregnarás a tus situaciones. La vida tiene más riquezas que pobrezas. La hambruna, la pobreza, la injusticia, la impunidad, la corrupción pueden acabar. Seamos optimistas y trabajemos para comenzar, continuar, mantenernos, y así alcanzar metas que beneficien a nuestra sociedad. ¡De eso se trata!

PROVOCA EL CAMBIO

Les motivo a que, si tienen un sueño, lo plasmen en papel y lo conviertan en un proyecto. Nunca es demasiado tarde para comenzar. Vamos a trabajar con objetividad. Pongan fecha de inicio y término del proceso que quieren llevar a favor de nuestra sociedad. Tracen la cantidad de personas que quieren impactar. Hagan que la ayuda realmente llegue a quien lo esté necesitando. Sobre todo, tengan fe y crean que todo esfuerzo que se hace a beneficio de los demás tiene un gran valor. ¡Así se provoca el cambio!

CREA UN PROYECTO DE AYUDA SOCIAL.

No tiene que ser algo gigantesco. Puedes comenzar escribiendo la meta que quieres alcanzar, las estrategias para lograrla, el tiempo de iniciar y de culminar, con quién lo harás, a quiénes ayudarás, costo e inversión del proyecto. Puede ser una actividad de un día, o también un proyecto a largo plazo.
Anímate y comienza a escribir y luego llévalo a la acción.

RECOMENDACIÓN MUSICAL:
Somos un pueblo Manny Rosado ft. Johan Paulino
No te quepa la duda Marcos Vidal
Tu costado sigue abierto Marcos Vidal
Sediento Metanoia

POLÉ-
MICA

—¡QUÉ POLÉMICAS TAN GRANDES TIENES!
—SON PARA PENSAR MEJOR

Yuan Fuei Liao

La única vez que entré al estadio de béisbol de San Cristóbal fue cuando yo era un chiquillo. No fui a presenciar un partido de pelota, sino a ver a Jack Veneno (¿hay algún dominicano que no sabe de este luchador «campeón de la bolita del mundo»?). Aún recuerdo su más famosa técnica para inmovilizar a sus contrincantes: una llave que le llamaban «la polémica». En esa época yo no tenía la más mínima idea de lo que significaba «polémica».

Hoy busqué esa palabra en Wikipedia: «La polémica es la práctica de causar disputas y controversias en diversos campos discursivos tales como la religión, la filosofía, la política, el arte, la literatura, etc.». En ese sentido, las polémicas no son negativas: son necesarias para despertar el conocimiento en esas áreas. Las controversias suscitan más cuestionamientos, y éstos son muy importantes para consolidar, avanzar o replantearse las ideas. Es saludable que las personas tengan la capacidad de desarrollar interrogantes y no aceptar las ideas simplemente «porque sí» o porque otros se tomen la prerrogativa de pensar por ellas. Cuando alguien cree que posee todas las respuestas definitivas para su vida, corre el riesgo de no tener más inquietudes, que son tan necesarias para vivir.

No se trata de ser «buscapleitos» pretendiendo rebatir todo en discordias hostiles y estériles, sino de provocar la búsqueda de la verdad (¿ser «buscaverdades»?).

SIGNO DE CONTRADICCIÓN
En términos bíblicos se habla de «signo de contradicción». Una persona que desea vivir coherentemente como Jesús, no será popular para todos. Esta expresión, «signo de contradicción», originalmente se refirió a la persona de Jesús. Cuando él, siendo bebé, fue presentado

en el templo, un anciano llamado Simeón profetizó sobre el niño, diciendo: *«Este ha sido puesto para ruina y para resurrección de muchos en Israel, y para signo de contradicción»* (Lucas 2, 34). Es que las personas que viven con coherencia serán amadas por muchos y repudiadas por otros muchos. Con examinar la vida de los grandes líderes de la historia nos daremos cuenta de esta realidad.

A quienes pretendemos ser cristianos, discípulos de Jesús, nos basta ser como nuestro maestro. Si seguimos sus huellas, probablemente también causaremos polémicas. El estilo de vida de quien pone en práctica lo que cree ha de cuestionar a quienes no viven esa coherencia. En ese tenor va una de las frases inquietantes de Jesús: *«¡Ay cuando todos los hombres hablen bien de ustedes!, pues de ese modo trataban sus padres a los falsos profetas»* (Lucas 6, 26). Da por entendido que un falso profeta (persona que no vive lo que predica) es alguien que no es capaz de suscitar polémicas.

Ojalá que las polémicas que levantemos no sean como la de Jack Veneno, para inmovilizar a nuestros oponentes, sino para movilizar a todos a buscar conjuntamente la verdad. Si no son para eso, resultan inútiles tantas polémicas.

Anthony de Mello, cuyas obras han sido polemizadas, nos arranca una sonrisa a la vez que nos hace reflexionar con la mención de un obispo «light» incapaz de generar polémicas: «El lamento de un obispo: "Dondequiera que Jesús estuvo, hubo una revolución; dondequiera que voy yo, me sirven té"».

HACE FALTA UN PROFETA PARA PROVOCAR POLÉMICAS
Hubo un tiempo en que mi pasatiempo era inventar historias sobre un protagonista ficticio a quien yo llamaba «el profeta». A la hora de crear este personaje, pensé que, como profeta, debía de ser un tipo «transgresor» (mas no «agresor»), que se mostrara simpático y antipático al mismo tiempo. Este profeta nos acomoda e incomoda, y hasta desacomoda nuestros modos y nuestras modas. Es quien resuelve conflictos e inicia otros. De esas historias del profeta provocador de polémicas, que aparenta contradecir lo que afirman algunos predicadores, comparto algunas... para pensar:

¿JESÚS DA TRANQUILIDAD O INTRANQUILIDAD?

El profeta asistió con los novicios a un retiro en una parroquia. Una señora daba su testimonio: «Desde que conocí al Señor, la tranquilidad ha vuelto a mi vida. Él me ha dado toda la paz del mundo». El profeta, con aire travieso, musitó a los novicios: «Mi caso fue al revés: mi vida estaba muy tranquila hasta que empecé a conocer a Cristo. Él me dejó intranquilo».

DEJÁNDOLO TODO, LO SIGUIÓ... ¿ÉL O YO?

Un grupo de nuevos novicios se reunió en la esquina para reflexionar juntos el Evangelio. Compartían sobre el llamado de Jesús a sus primeros discípulos en el mar de Galilea. El pasaje relataba que Jesús les dijo «sígueme», y ellos, dejándolo todo, lo siguieron. Cada novicio ponderaba todo lo que tuvo que dejar para seguir a Cristo. Entonces el profeta intervino: «A mí me pasó al revés. Confiando en el amor gratuito de Dios, le dije a Jesús: "sígueme". Y él, dejándolo todo, me siguió».

¿JESÚS COMO INVITADO O NO?

Un fogoso predicador insistía en su conferencia por televisión: «¡Invita a Jesús a tu corazón!». El profeta reveló su pensamiento a los novicios: «Si invitas a Jesús, entonces él será el "invitado". Un invitado no dispone de la casa como quiere. El problema de muchos "cristianos" es que solo tienen a Jesús como "invitado", no como "dueño"».

LA EVANGELIZACIÓN... ¿EVENTUAL O NO?

Una comunidad se especializaba en organizar «eventos de evangelización». El profeta comentó a los novicios en voz baja: «¿Eventos de evangelización? ¿Evangelizar es algo "eventual"? Pasemos de evangelizar a ser evangelizador, y de ser evangelizador a ser Evangelio».

¿DESPERTAR A JESÚS O DEJARLO DORMIR?

Esta vez, el compartir de los novicios en la esquina era acerca del pasaje evangélico sobre la tormenta desatada mientras iban Jesús y los apóstoles en una barca. El evangelista anotaba que Jesús dormía en medio de la tempestad y los apóstoles lo despertaron. Todos los novicios estaban de acuerdo en que hubieran hecho lo mismo: despertar a Jesús para calmar el temporal. Al final de la meditación, el profeta observó: «Recuerden que todo temporal es temporal: lo que está pasando está pasando. Mi tormenta interior solo cesará cuando yo sea capaz de dejar que Jesús siga durmiendo en paz». Sonrió cuando oyó la ocurrencia del más chico de los novicios: «Cuando se presente la próxima ocasión, tomaré una siesta con Jesús».

¿UN DIOS MAYOR O MENOR?

Después de una pequeña discusión en la comunidad sobre «puestos de importancia», el profeta fue a ponerse una camiseta que tenía estampada la caricatura de un niño que decía: «Cuando yo sea mayor, quiero ser menor».

BULLYING: NO ES JUEGO DE NIÑOS 

Manny Rosado

Recuerdo momentos, cuando estaba en el colegio, en que mis compañeros y yo solíamos bromear sobre el aspecto físico de los demás niños. En una ocasión, por inmadurez, cometí un grave error. Mi mejor amigo llamó a casa preguntándome acerca de mi parecer sobre una chica. Dije muchas cosas que no debí: bromeé sobre su apariencia física. Para sorpresa mía, la chica estaba escuchando todo lo que decía en la doble línea. Me tomó tres oportunidades más para poder aprender sobre mi error, y más nunca volver a bromear de tal manera sobre una persona.

Me ayudaron bastante las orientaciones de mis padres y la educación orientada en valores. Pero... ¿cuánto más les tomará en la actualidad a los niños sin orientación aprender de sus errores?

En ocasiones, mis compañeros de aula hacían bromas al chico que se sentaba delante de mí. Le ponían sobrenombres crueles. Le lanzaban papeles, libros y cuadernos. ¿Quiénes eran más culpables: los que agredían o los que veían aquella agresión y se quedaban callados? ¿Hasta dónde puede considerarse esto como una conducta «normal»? Este niño evidentemente estaba siendo víctima de bullying.

EL ACOSO ESCOLAR (BULLYING)

Ocurre cuando un estudiante o un grupo dice o hace cosas con el propósito de hostigar y herir a otro estudiante de manera reiterada. El bullying, aunque muchas veces es provocado por niños, no es un juego de niños.

CASO REAL

En Ciudad México, un niño llamado Rodrigo, que cursaba el tercer grado de Primaria, se arrojó de un segundo piso de su escuela. Contó que intentó quitarse la vida ante la presión y el maltrato que ejercían algunos compañeros en su contra. Textualmente dijo: «Me dijeron que era más bonito el cielo porque ahí nadie te gritaba, ni te molestaba, y por eso tomé esa decisión. Ellos (sus compañeros) me molestaban. No tenía amigos, nada más tenía a Pablo».

Es penoso que muchos niños y niñas pasan por situaciones de bullying, y por no tener una orientación efectiva y a tiempo en el hogar o en la escuela, optan por tomar decisiones que atentan con su integridad física y emocional.

Con tal preocupación por el tema, hice una visita a la organización internacional de ayuda comunitaria y desarrollo «World Vision» para conversar con la Lic. Lourdes A. Pérez, Gerente de Desarrollo Integral de la Niñez, experta sobre el tema de acoso escolar. El objetivo de mi visita fue clarificar algunas dudas respecto al tema del «bullying». Aquí les dejo con algunas respuestas expuestas por la Lic. Pérez:

Manny: ¿Qué es el bullying y en quiénes se presenta con más frecuencia?
Lic. Pérez: El bullying o acoso escolar es una forma de violencia que se registra generalmente entre niños, niñas y adolescentes. Es una forma de violencia ya que el niño, niña o adolescente es elegido por un niño o grupo para ser el blanco de burla, dañar sus propiedades, esparcir rumores, y en el caso de utilizar el Internet, se convierte en ciberbullying (nueva modalidad de bullying).

Manny: ¿Cómo identificar si se está efectuando bullying o no?
Lic. Pérez: Existen características diversas para diferenciar lo que es el bullying (acoso escolar) con relación a otras circunstancias que se puedan presentar entre niños y niñas:

• Cuando los niños participan de juegos violentos, ambos están de acuerdo y disfrutan del juego. En el caso del niño que está viviendo el bullying, no hay un permiso de la persona. Los niños lo eligen para maltratarle. El que está viviendo el bullying no lo está disfrutando.

• El bullying no es un juego pesado. No es una forma de conflicto. Es una modalidad de abuso, porque el niño o niña que ha sido elegido para ser acosado no logra defenderse por sí mismo del ataque de los compañeros.

> No te quedes callado y no dejes que nadie compre tu silencio.

• Los niños que atacan o acosan tienen regularmente unas preferencias y ventajas sociales que, en lugar de utilizarlas para incluir, proteger y para hacer al otro niño parte del grupo, lo utilizan como un permiso para la exclusión y para el abuso.

• El bullying se da de manera sostenida. No es cuestión de un día. Se da de manera consistente, donde un niño es blanco de los ataques.

Manny: ¿Cómo detectar y prevenir el bullying?
Lic. Pérez: • Los padres y madres deben estar pendientes de si sus hijos le comentan las cosas buenas o malas que están ocurriendo en la escuela.

• Introducir el tema en los diálogos con los hijos, para detectar si un niño(a) está sufriendo el bullying o es quien acosa. Ambos niños necesitan ser acompañados y requieren mensajes distintos. El que es acosado: entender que no hay ninguna razón para recibir maltrato. El que acosa: necesita escuchar que no es justo ni aceptable elegir a un compañero para ser blanco de burla y maltrato.

• Luego de que los padres logren entrar en contacto con los hijos, deben creer lo que su hijo le dice, y comunicarse con la escuela para buscar soluciones.

Manny: ¿En qué consiste la campaña «Basta de bullying – no te quedes callado»?
Lic. Pérez: «Basta de bullying» es una iniciativa de Cartoon

Network. En sus programaciones diarias televisivas ponen cápsulas y videos para concienzar sobre el tema. Luego de un tiempo, identificaron que necesitaban un trabajo más desde las aulas de clases. En Latinoamérica, hicieron una alianza con Plan Internacional y World Vision. El objetivo de estas organizaciones es poder llevar a las comunidades escolares la información sobre el bullying, donde en esta primera etapa es para prevención.

El bullying tiene consecuencias para todos los involucrados, y puede llegar a ser una pesadilla. Los niños se sienten aislados, tristes y con miedo de ir a la escuela. Sin duda alguna, la entrevista fue muy enriquecedora y educativa. La motivación con este mensaje es que nos comprometamos a prevenir y a erradicar cualquier forma de violencia que exista en nuestro entorno.

COMPROMISOS:

No me quedaré callado – Cuando vea a una persona que esté siendo humillada o lastimada, diré algo. Voy a hablar sobre bullying con mis amigos y con los adultos que forman parte de mi vida, para que todo el mundo sepa que yo creo que molestar a otros está mal.

Seré un defensor – Voy a defender a otras personas que podrían necesitar mi ayuda, no solo a mis amigos más cercanos. No voy a quedarme callado cuando alguien esté siendo maltratado.

Seré un modelo a seguir – Con mis acciones cotidianas, voy a demostrar que podemos convivir en mi escuela, en mi trabajo, en mi familia o en mi círculo de amistad, resolviendo nuestros conflictos de forma pacífica. No voy a maltratar o excluir a nadie, ni voy a contar rumores en persona o a través de mi celular o computadora.

CUMPLE CON LOS COMPROMISOS
EXPUESTOS ANTERIORMENTE SOBRE:

«No quedarme callado y ser un defensor ante una situación de "bullying" y ser un modelo a seguir».

RECOMENDACIÓN MUSICAL:
Invisible Hunter Hayes
Resistencia Manny Rosado
La receta Wason Brazoban
Al perdonar Celinés Díaz
***CD musical:** Baseball Cares Musical

LIDE-
RAZGO

¡ADELANTE!, CON EL DELANTAL DELANTE

Yuan Fuei Liao

Hay personas que van delante de los demás, y al mismo tiempo van detrás. Son los llamados líderes. Van delante porque, con su visión, guían a los demás. Van detrás porque, con su impulso, empujan a los demás. Para poder ir delante, primero hay que ir detrás: detrás de un ideal, de un sueño. Un líder es una persona que contagia su sueño a los demás, y al mismo tiempo inspira a estos a tener sus propios sueños.

Para Jesús, el maestro de las paradojas, la autoridad de un líder le viene dada por su capacidad de servicio:
«Ustedes saben que los gobernantes de las naciones actúan como dictadores y los que ocupan cargos abusan de su autoridad. Pero no será así entre ustedes. Al contrario, el de ustedes que quiera ser grande, que se haga el servidor, y si alguno de ustedes quiere ser el primero, que se haga el esclavo de todos; hagan como el Hijo del Hombre, que no vino a ser servido, sino a servir y dar su vida como rescate por una muchedumbre» (Mateo 20, 25-28).

En 1987 se celebró una Jornada Mundial de la Juventud en Buenos Aires, Argentina. El himno de esa JMJ, titulado «La nueva civilización», es de la autoría de Alberto Croce y Eugenio Perpetua. Parte de su letra describe las características de un líder según los valores del Evangelio:

«El que tiene comparte su riqueza
y el que sabe no impone su verdad.
El que manda entiende que el poder es un servicio.
Lo sabemos; el camino es el amor».

El poder es un servicio. Y el servicio es un poder. Un líder es poderoso, pero es servicial. Un líder es poderoso, precisamente porque es servicial.

CON EL DELANTAL PUESTO

Tengo dos hijos pequeños. Están en la etapa de jugar a los superhéroes. Adquirí dos capas de superhéroes para ellos disfrazarse en sus juegos. Me di cuenta de un detalle: si la capa de superhéroe se coloca sobre el pecho, en vez de la espalda, se convierte en un delantal para servir. Es ahí donde siento que Dios me da su mensaje: los superhéroes de hoy (los líderes) son los que se dedican a servir a los demás. Hace un tiempo fuimos estremecidos con la noticia del asesinato de cuatro religiosas de las Misioneras de la Caridad (la comunidad que fundó la madre Teresa de Calcuta) junto a otras doce personas en Yemén. Un detalle que me llamó la atención de ese martirio es que en la foto de los cuerpos de estas hermanas que yacían en la tierra, se nota que fueron sorprendidas con los delantales puestos. Ese detalle me conmovió profundamente: cuando encontraron el martirio, ellas estaban sirviendo. Los héroes de hoy son quienes se dedican a servir a los demás. Y cuando el Señor los encuentra con el delantal puesto, les llamará: «Afortunados, felices».

Curiosamente hay dos citas del Evangelio que hacen referencia al delantal, y las dos aluden al servicio: *«Felices los servidores a los que el patrón encuentre velando a su llegada. Yo les aseguro que él mismo se pondrá el delantal, los hará sentar a la mesa y los servirá uno por uno. Afortunado ese servidor si al llegar su señor lo encuentra cumpliendo su deber»* (Lucas 12, 37.43).

«Si ustedes tienen un servidor que está arando o cuidando el rebaño, cuando este vuelve del campo, ¿le dicen acaso: "Entra y descansa"? ¿No le dirán más bien: "Prepárame la comida y ponte el delantal para servirme hasta que yo haya comido y bebido, y después comerás y beberás tú"? ¿Y quién de ustedes se sentirá agradecido con él porque hizo lo que le fue mandado? Así también ustedes, cuando hayan hecho todo lo que les ha sido mandado, digan: "Somos unos pobres servidores, hemos hecho lo que teníamos que hacer"» (Lucas 17, 7-10). La humildad es un distintivo del líder servidor.

QUIEN NO VIVE PARA SERVIR, NO SIRVE PARA VIVIR

Servir es nuestra misión: hacer lo que «teníamos que hacer». Hay personas que asumen el servicio a los demás como un estilo de vida. Esas personas se sienten dichosas: han encontrado el propósito de la vida en el servicio. Y cuando el servicio se realiza de manera alegre, es doblemente dichoso.

Hace unos años leí una noticia que me llamó poderosamente la atención. Se trataba de un joven que se lanzó de un puente para suicidarse. Cayó, pero quedó vivo, con algunos rasguños. Una muchacha que pasaba por ahí vio lo que pasó, y ella se tiró al agua para salvarlo. Pero esta muchacha no sabía nadar y se estaba ahogando. Así que el joven que quería suicidarse terminó salvando la vida de la muchacha que se lanzó para salvarlo. Al final le preguntaron al joven: «¿Por qué querías suicidarte?». Él respondió: «Porque no le encontraba sentido a la vida». Segunda pregunta: «¿Y todavía piensas en quitarte la vida?». A lo que el joven contestó: «Ya no. Es que, al salvar a la chica, encontré el sentido de mi vida. ¡Mi vida sirve!». Es una historia curiosa que nos puede dejar una enseñanza: el sentido de la vida se encuentra en el servicio. Un líder es una persona que ha entendido esto y lo ha asumido.

LÍDER > JEFE

Para complementar, dejo acá unas notas del Siervo de Dios padre Emiliano Tardif, fundador de mi Comunidad Siervos de Cristo Vivo. En ellas describe las diferencias entre un jefe y un líder:

«Un jefe ordena a sus hermanos. Un líder los dirige.
Un jefe ejerce autoridad. Un líder obtiene la fuerza de voluntad.
Un jefe inspira temor. Un líder inspira entusiasmo.
Un jefe dice: "Yo". Un líder dice: "Nosotros".
Un jefe señala las faenas. Un líder actúa y da ejemplo de cómo hacerlas.
Un jefe señala las faltas. Un líder enseña a enmendarlas.
Un jefe sabe cómo se hace. Un líder muestra cómo se hace.
Un jefe dice: "Lleguen a tiempo". Un líder llega con anticipación.
Un jefe obliga al trabajo. Un líder hace del trabajo una tarea grata.
Un jefe dice: "Vayan". Un líder dice: "Vamos".»

En resumen, un líder, aunque parezca superhéroe, no lleva la capa detrás, sino que es alguien que va delante, con el delantal delante, inspirando a otros con su servicio, con su testimonio, con su visión, con su sueño, con su coherencia, con su entusiasmo, con su humildad, con sus palabras, con su vida. ¿Casi nada?

En nuestra incapacidad, necesitamos orar por ello: para que Dios nos haga líderes a la manera de Jesús o que suscite para nosotros líderes al estilo del Evangelio.

UNA PLEGARIA

Digámosle a Jesús una oración: «Señor, enséñanos a cansarnos para que otros descansen. Queremos ser como tú, que no has venido para ser servido sino para servir. Que cuando vengas a nuestro encuentro definitivo, estemos con el delantal puesto, y podamos decirte con humildad: "Somos unos pobres servidores, hemos hecho lo que teníamos que hacer". Y que podamos ver tu sonrisa. Amén».

¿QUIÉN MOTIVA AL QUE MOTIVA? 

Manny Rosado

¿QUIÉN MOTIVA AL LÍDER?

Si el líder es la persona encargada de influenciar y motivar a otros, ¿de qué manera logra automotivarse?

NO ES UN FLY AL CATCHER

Ser líder es un trabajo que puede ser desgastador. Lograr que otras personas, de manera armoniosa y sincronizada, puedan avanzar hacia un objetivo común, es una tarea muy delicada y complicada. Además, el líder suele tener un alto cúmulo de cargas emocionales, físicas y psicológicas por el tipo de trabajo que realiza. ¡Créanme, trabajar con personas no es nada fácil!

EL FACTOR X

Hemos visto grandes líderes que han logrado movilizar masas, alcanzando la cúspide mediante su accionar y dejando un legado en la

Tierra. Todos estos líderes religiosos y no religiosos, a mi entender, deberían tener algún factor en común. Analizando algunos líderes, como Jesús, Juan Pablo Duarte, papa Francisco, Lionel Messi, Cristiano Ronaldo, David Ortíz, Nelson Mandela, Michael Jordan, madre Teresa de Calcuta, Tom Brady, Gandhi, entre otros, he llegado a una simple conclusión: los motiva una causa o ser mayor.

LA CAUSA MAYOR

A nosotros, los cristianos, nos motiva Jesús. ¿Pero quién motivaba a Jesús? Su Padre Dios. Pero ¿quién motiva a Dios? Nosotros, sus hijos. Es interesante pensar que «la causa mayor» de Dios somos nosotros. Cada uno tiene en sí un valor indescriptible e inigualable en el mundo. Entender que todos somos importantes para Dios nos da una mayor visión de la consecuencia del trabajo constante que debemos asumir como líderes o futuros líderes; sobre todo en temas de protección de la vida humana, los derechos humanos (DDHH) y el respcto a la persona, sin importar creencia, religión, raza o estatus social. ¡Siempre hay una razón mayor en nuestro accionar!

Siempre hay una razón mayor en nuestro accionar.

En el caso de los «no creyentes», también se manifiesta una causa o ser mayor: altruismo, naturaleza, la existencia (convivencia y supervivencia), el amor, el bien común, la patria, entre otros. Pero al final, siempre habrá algo mayor que uno mismo.

LIDERANDO «ANDO»

Hace un tiempo fui a impartir una charla junto a mi familia en una parroquia de Santo Domingo. Hablé sobre la fundación que lidero, llamada «Corazones a tiempo». Al final de la charla, se acercó un señor. Se puso en entera disposición de ayudar a las personas penalizadas por la ley. Puso su empresa, sus esfuerzos y sus donaciones a la disposición. Por alguna razón, no volví a saber de él. Y la vida continuó.

¿LA VICTORIA?

Luego de un tiempo, nuestra fundación se alió a otro grupo para visitar por primera vez «La Victoria», un centro penitenciario que tiene capacidad para alojar aproximadamente a mil personas, pero acumula a más de cinco mil reclusos. Al nombre de este centro,

«La Victoria», nunca le encontraba sentido, hasta que pasó lo que a continuación voy a relatar.

Cuando llegué ahí, por primera vez sentí miedo dentro de un centro de esta índole. Me dirigieron hacia una sala. Fui con mi guitarra. Canté varias canciones. Tuvimos un momento muy especial con la canción «Al otro lado del río» de Jorge Drexler (la primera canción escrita totalmente en español en ser nominada al Óscar, en la categoría de Mejor Canción Original. Fue la primera en ganar la estatuilla). En medio de esta hermosa canción, animé una dinámica en la que los internos se visualizaban navegando con sus familias en una pequeña barca hacia la otra orilla del río. Tenían que pasar adversidades y vicisitudes. Pero a pesar de todo, la familia siempre se mantenía firme. Y sí era posible ver la luz al otro lado del río. Y también era posible llegar a esa orilla junto a nuestros seres queridos. Sin duda alguna, ese día llevamos un mensaje a favor de la familia. Recuerdo que la charla que impartí en la parroquia fue con mi familia para las familias. Esta charla musical fue junto a las familias de los internos.

TE RECONOCÍ

Cuando terminó el evento, se acercó un señor, con corazón agitado. Me dijo: «Manny, cuando te vi entrar, no lo podía creer. Cuando escuché tu nombre, te juro que la piel se me puso de gallina. Cuando te escuché cantar con tanto amor y dedicación, supe que eras tú». Yo no tenía idea alguna de quién era este señor, pero su rostro me parecía familiar. Él se presentó como el catequista encargado de todos los procesos de evangelización dentro del centro de «La Victoria». Él y un equipo de trabajo habían estado trabajando arduamente para llevar el mensaje transformador de Jesús a miles de personas privadas de libertad.

LO IMPROBABLEMENTE «PROBABLE»

Este señor siguió hablándome: «Manny, yo soy el que se acercó a ti luego de una charla que impartiste junto a tu familia hace casi un año en mi parroquia. Me acerqué a ti para apoyar a tu fundación y a las personas privadas de libertad». No lo podía creer. Me quedé anonadado. Él continúo diciendo: «Hoy estoy preso. Tuve una situación de injusticia que me trajo a este lugar. Tengo varios meses con mi caso parado. No ha encontrado solución debido a problemas que se han presentado con la fiscal de mi distrito que está siendo investigada por casos de corrupción». Este señor era el líder de la comunidad parroquial a la cual fui a impartir la charla con mi familia, y meses después terminó preso injustamente.

LIDERAR RIMA CON «DAR»

Lo más impactante de este caso fue cuando él me dijo: «Manny, en aquel momento me acerqué a ti porque quería ayudar desde "fuera", con donaciones y dinero. Ese día, Dios abrió mi corazón. Lo preparó para lo que venía. Ahora estoy aquí "dentro" para poder ayudar con más intensidad, corazón y entrega». Dios quiere que, desde «dentro» o desde «fuera», podamos ser líderes que impacten corazones de dentro hacia afuera (y viceversa). Ese mismo día llamé a la esposa de este señor y le brindé este mensaje en oración. Ella lloró. Me sonrió y dijo: «¡Todo tiene un propósito!».

La Victoria se convirtió en el centro para llevar la victoria de Jesús para este señor. Sin importar la circunstancia o la situación en la que te encuentres, siempre puedes liderar a las personas a la excelencia que es Jesús, que es el «gran» líder que se hace «pequeño» para que podamos entender su «grandeza».

LIDERANDO A LA FELICIDAD

La santidad, a la que estamos llamados a alcanzar como líderes cristianos, se refiere a mi relación con Dios y con la gente. No solo basta con mirar al Cielo, también hay que ver a los lados, tomar en cuenta a la gente y sus realidades. Tu sociedad es el lugar donde ejecutas la santidad.

Si quieres ser un buen líder, vuelve a tu causa o ideal, lo que da sentido a tu motivación. Recordemos la respuesta a nuestra pregunta inicial: ¿quién motiva al líder? En nuestro caso, como cristianos, nuestra causa es Jesús y su modelo-testimonio de vida. Así que vuelve a Jesús, a ese primer amor, a lo que sentías y hacías por él al inicio. Deja que sea la razón primera en tu caminar por la vida, e influencia a otros a seguirle.

IDENTIFICA UN LÍDER CERCANO A TI. HAZ UNA LISTA DE DIEZ CUALIDADES POR LAS CUALES LE CONSIDERAS UN LÍDER.

Identifica cuáles de esas cualidades tienes y cuáles puedes seguir desarrollando en ti. Y si te motivas, exponle esas diez cualidades a ese(a) líder y pídele apoyo para que te acompañe en tu proceso de crecimiento como líder.

RECOMENDACIÓN MUSICAL:
Alerta joven Manny Rosado
Al otro lado del río Jorge Drexler
Lean on me Kirk Franklin ft. Mary J. Blige, Bono, The Family, R. Kelly, Crystal Lewis
Tu perfecta voluntad Evelyn Vásquez

EMPO-
DERA-
MIENTO

HECHOS 1, 8: PARA CUANDO ME SIENTA «HECHO UN OCHO»

Yuan Fuei Liao

«Lo que pasó fue que me rechazaron el proyecto». «Me dijeron que eso era imposible». «No te imaginas cómo me desilusionaron». «Lo dejé porque no encontré apoyo». «Es que yo creía que...». Son expresiones propias de una «víctima». Son como la antítesis de esta frase de Jesús: «Me ha sido dado todo PODER en el cielo y en la tierra. Por eso, vayan...» (Mateo 28, 18). Con esta frase, Jesús declara que ha sido «empoderado» por Dios Padre y por tanto nos envía capacitándonos con su «poder» a hacer lo mismo que él.

Esta es una palabra relativamente nueva que empezó en el mundo de las organizaciones y que ha traspasado los límites de las empresas: «empoderamiento». Es el proceso de aumentar la capacidad de las personas o los grupos para tomar sus propias decisiones y transformar esas decisiones en acciones y resultados deseados. Se habla de «empoderamiento personal» como lo contrario de comportarse con mentalidad de víctima: se trata de la capacidad que cada quien posee de tomar con efectividad la dirección de su vida. Es asumir que somos los protagonistas y no espectadores de nuestra existencia. El papa Francisco inventó una palabra para describir lo que sería lo contrario de «empoderarse»: nos ha invitado a no «balconear» la vida, es decir, no quedarnos en el balcón para mirar la vida pasar, sino a adentrarnos en ella, meternos a asumir las responsabilidades propias.

De eso se trata: de tomar responsabilidad de nuestras decisiones y de todo lo que pueda pasar como consecuencia de esas escogencias. El empoderamiento ocurre cuando se arroga la responsabilidad de nuestros actos, y somos conscientes de que tenemos el «poder» de hacer que ocurran las cosas

«DESAPODERAMIENTOS»

Llamo «desapoderamientos» a las voces interiores y exteriores que son enemigas del empoderamiento.

Un enemigo del empoderamiento es precisamente el complejo de víctima. Cuando las heridas interiores recibidas a lo largo de la vida han sido muy recurrentes, podemos caer en «victimizarnos» con pensamientos de inutilidad y frases como las del inicio de este artículo. Por eso urge superar todo ello con procesos de sanación interior y con un cambio en la mentalidad.

Otro enemigo del empoderamiento es el bombardeo mental que recibimos de nuestro exterior, de voces que alegan que «no podemos». La historia y la vida nos han enseñado que las personas que han «triunfado» han sido quienes hicieron caso omiso a esas voces amenazantes. Siempre habrá personas para desanimarnos con sus críticas, pero afortunadamente también habrá personas para entusiasmarnos con palabras de aliento y afirmación: «¡Sí que puedes!». En base a todo eso, inventé las siguientes dos fábulas:

OH FELIZ INGENUIDAD

Un pequeño pez volaba por el cielo, portando una flor con un pequeño sol por corola, obsequio suyo para el gran Sol. El pequeño pez no sabía que los peces no volaban, por eso estaba volando. Nadie le había informado que las flores no eran soles, por eso llevaba un sol en forma de flor. No oyó cuando le dijeron que los peces no podían acercarse al Sol, por eso ya estaba alcanzando al Sol.

OTRA MANERA DE ROMPER EL CIELO

Carabaí era un escarabajo pelotero diferente a los otros. Mientras los otros escarabajos peloteros se conformaban con rodar las bolas, Carabaí las lanzaba en dirección al cielo. Los vecinos le preguntaban el porqué de ese extraño comportamiento. «Quiero romper el cielo con las pelotas», se justificaba Carabaí. «¿Romper el cielo con las pelotas? ¡Eso es imposible!», se reían todos. La asociación de Mayores Íntegros Escarabajos Reunidos (MIER) convocó una reunión de emergencia. Declararon que Carabaí no estaba en sus cabales, que era una mala influencia para los peloteros jóvenes.

Pero Carabaí siguió tirando pelotas. Y lo hizo un día y otro y otro y otro... Los demás escarabajos siguieron rodando pelotas. Y lo hicieron un día y otro y otro y otro... Carabaí siguió soñando con romper el cielo. Y lo hizo un día y otro y otro y otro... Los demás siguieron riéndose de Carabaí. Y lo hicieron un día y otro y otro y otro...

Al final, Carabaí no llegó a romper el cielo, pero nadie lanzaba tan bien las pelotas como él. Otros jóvenes peloteros empezaron a arrojar bolas, pero nadie las lanzaba tan lejos como Carabaí. Al final todos admiraban a Carabaí... todos, menos los de la asociación de Mayores Íntegros Escarabajos Reunidos (MIER). Aún al final, los de la MIER, dando muestras de temor, preocupados de que las pelotas de Carabaí rebotaban del cielo a todas partes, decían: «Es cierto que nadie lanza pelotas tan lejos como ese muchacho, pero que conste que nunca ha llegado a romper el cielo».

HAY ALGUIEN QUE NOS EMPODERA
Jesús prometió: «Recibirán poder cuando venga el Espíritu Santo sobre ustedes, entonces serán mis testigos...» (Hechos 1, 8). Con eso nos está diciendo que el Espíritu de Dios es quien nos regala el poder para ser sus testigos (ser como Jesús). Los cristianos tenemos la capacidad que nos entrega el Espíritu Santo para ser «poderosos»: él nos «empodera», por él somos «empoderados», en él podemos «empoderarnos» de nuestra vida.

Es curioso, esa frase de Jesús está en Hechos 1, 8. En República Dominicana, cuando alguien está «hecho un lío», se dice que está «hecho un ocho». Así, cuando me siento «hecho un ocho», me acuerdo de Hechos 1, 8: «¡Recibiré poder...!». Cuando vengan los líos a mi vida, recordaré que el Espíritu Santo estará disponible para empoderarme, e incluso me dará la capacidad de animar a otros a empoderarse socialmente.

EMPODERAMIENTO SOCIAL
Es que tenemos que pasar del empoderamiento personal al empoderamiento social y ecológico: impactar a la sociedad con decisiones y acciones responsables. Lo dice el papa Francisco en una encíclica: «La actitud básica de autotrascenderse, rompiendo la conciencia

aislada y la autorreferencialidad, es la raíz que hace posible todo cuidado de los demás y del medio ambiente, y que hace brotar la reacción moral de considerar el impacto que provoca cada acción y cada decisión personal fuera de sí mismo. Cuando somos capaces de superar el individualismo, realmente se puede desarrollar un estilo de vida alternativo y se vuelve posible un cambio importante en la sociedad» (Laudato Si 208).

TODO Y NADA

Terminaré hablando de «todo» y también de «nada». En la Biblia hay tres versículos de «todo» que conviene recordar cada día:

*«**Todo** es posible para aquel que cree»* (Marcos 9, 23).
*«**Todo** lo puedo en Aquel que me conforta»* (Filipenses 4, 13).
*«El amor **todo** lo cree, todo lo espera y todo lo soporta»* (I Corintios 13, 7).

También hay tres versículos de «nada» que es preciso tener en cuenta:

*«El Señor es mi pastor, **nada** me falta»* (Salmo 23, 1).
*«**Nada** es imposible para Dios»* (Lucas 1, 37).
*«**Nada** nos separará del amor de Dios»* (Romanos 8, 39).

Si alguno experimenta estos tres «todos» y estas tres «nadas», vive como una persona «PODERosa», pero no en el sentido arrogante de la palabra, sino como alguien capacitado para siempre «emPODE-Rarse», para asumir la misión que Cristo nos ha dejado cuando nos envió a la sociedad diciendo: *«Me ha sido dado todo PODER en el cielo y en la tierra. Por eso, vayan...»* (Mateo 28, 18).

LA SEGUNDA SANDALIA
Manny Rosado

Cuando Mahatma Gandhi, uno de los mayores propulsores de la paz, estaba subiendo a un tren, una de sus sandalias cayó a la vía. Aunque no faltó quien hiciera el intento por recuperarla, la labor fue inútil, ya que el tren se había puesto en marcha. Gandhi se apresuró a quitarse la otra sandalia y la arrojó con fuerza igualmente a la vía. Quienes lo acompañaban lo miraron con gran extrañeza. Una vez pasada la sorpresa, alguien se atrevió a preguntarle: «¿Por qué has hecho esto?» Él contestó con la más grande naturalidad: «Seguramente algún pobre hombre encontrará la primera sandalia, así que arrojé la otra para que las pueda usar».

DAR MÁS VALOR A LO ESPIRITUAL QUE A LO MATERIAL
Cuando se trata de influenciar positivamente a otras personas para realizar buenas acciones, es importantísimo hacerlo a través del «ejemplo». Modelar las buenas acciones y empoderar... «Las vivencias mueven, los discursos duermen». Gandhi, a través de este gesto de desprendimiento, sabiduría y humildad, lo logró. De igual manera, es importante desprendernos de lo material, para poder entrar a una conexión más profunda, donde comencemos a valorar más nuestra relación con Dios, con el prójimo y con uno mismo.

DEL «YO» AL «NOSOTROS»
Gandhi nos mostró cómo hacerlo: pensando más en el beneficio del prójimo, creando una conciencia más allá del «yoísmo» y pensando más en el «nosotros». Ghandi fue el más famoso defensor de la política de la no violencia del siglo XX. A través de manifestaciones masivas no violentas, huelgas de hambre, luchas pacíficas, logró combatir el dominio británico y la corrupción en la India.

POSITIVAMENTE INFLUENCIADOS
¿Por qué es tan importante el «ejemplo» para influir y empoderar a las personas? Gandhi, a través de su estilo de vida y los resultados efectivos de su accionar en paz, logró inspirar a personas y grandes

movimientos pacíficos en contra de la desigualdad e injusticia, de los cuales podemos citar a Martin Luther King, Nelson Mandela, el Dalai Lama. Esto se da porque el testimonio de vida inspira, humaniza y muestra que es posible alcanzar un objetivo en la vida.

SIEMPRE... MI MAYOR ESFUERZO

Lo que pareció un fracaso en la vida de Ghandi, ser encarcelado en varias ocasiones, pronto lo convirtió en un héroe nacional. Para poder empoderar a una sociedad es importante convertir lo que pudiese parecer un problema en una oportunidad. «Nuestra recompensa se encuentra en el esfuerzo y no en el resultado. Un esfuerzo total es una victoria completa» (Mahatma Gandhi).

Algo que he podido visualizar a través de mi trabajo social a favor de poblaciones vulnerables y en pobreza es que, en el proceso de lograr un empoderamiento real para realizar buenas acciones, hay que dejar de ver la realidad social de una manera virtual (prensa, periódico, reportajes, etc.) y comenzar a vivir el drama del doliente. Entrar en contacto con la pobreza, visitar, acompañar y conversar con los que sufren y menos tienen, así como lo hizo el mayor líder de la humanidad: JESÚS, quien siendo el más grande, ayudó a los más pequeños.

Las sandalias son necesarias para poder caminar. Debemos comenzar a identificar cuáles caminos queremos recorrer. Recordemos que muchos vienen detrás de nosotros. Nos siguen. Si tomamos el camino fácil, el de la corrupción, la desigualdad, la exclusión, así mismo muchos se verán afectados. Es vital que luchemos por recorrer caminos de justicia, solidaridad, amor y perdón, aun cuando nadie nos esté viendo. Eso se llama integridad. «Caminante, no hay camino, se hace camino al andar».

Jesús nos entregó su «segunda sandalia» y no se conformó con eso: nos dio hasta su propia vida para hacernos libres. Libres de tomar decisiones. Libres para actuar. Libres para amar. Libres para perdonar. Y en su total respeto a nuestra humanidad, nos sigue diciendo: «Si quieres, te acompaño en el camino. Y en el camino vamos conversando. Y al conversar, tus hombros se descargan, pues tu peso voy llevando». No te conformes con entregar solo la sandalia. Ve por más, como Jesús. Muchos esperan por nosotros.

Lo incómodo no siempre es algo negativo. A veces nuestra incomodidad (andar con una sola sandalia) puede traer felicidad a otros. Que no nos pase como a ese chico que todos los días hacía ejercicios haciendo la simulación de que está levantando pesas, pero sin tener pesas en las manos. Un día una persona se le acercó y le preguntó: «¿Qué estás haciendo?». Él respondió: «¡Ah, estoy desarrollando mis músculos!» El otro replicó: «¡Cómo va a ser, si no traes ninguna pesa!». Y el chico terminó diciendo: «¡Sí, ya sé, es que las pesas pesan!».

Asumir el peso de nuestra responsabilidad nos impulsará a darnos con más fuerza y corazón. Ese peso nos ayudará a tener ideas más fuertes, concisas y eficientes, para hacer la voluntad de Dios para con los demás. Sin «pesas», duraremos años para alcanzar un cambio significativo en nuestras vidas. Con «pesas» agilizaremos el proceso, nos fortaleceremos más rápido y lograremos impactar más vidas, sin importar las limitaciones, las incomodidades, los prejuicios y la negatividad del mundo.

PARA LOGRAR UN MEJOR PAÍS, CONCLUYO DICIENDO:

«Esa segunda sandalia es la que falta que nos quitemos y entreguemos para que otros puedan caminar con más comodidad hacia el bien común».

IDENTIFICA CUÁL ES LA «SEGUNDA SANDALIA»

(amor, escucha, perdón, apoyo, seguimiento, palabra de aliento, oración, etc.) que le está haciendo falta a alguien que valoras o que te ha hecho algún daño, y entrégala hoy mismo.

RECOMENDACIÓN MUSICAL:

Si quieres te acompaño en el camino Eduardo Meneana o cover de Manny Rosado
We are the world Michael Jackson
Qué bueno que estás aquí Mi Sostenido o Evelyn Vásquez
Sandalias P. Edward Gilbert

JUS-
TICIA
E IGUALDAD

¿JUSTICIA = IGUALDAD?

Yuan Fuei Liao

Hola, Eugenio:
Como Director Editorial de ION Corriente Alterna, me enviaste el brief para escribir el artículo correspondiente al número 11 de la revista. Me habías dicho que el tema era sobre la justicia y la igualdad, que tendíamos a confundir ambos términos, que «la igualdad no siempre es justa». Me mandaste un artículo de referencia. Leí ese artículo y no estuve de acuerdo del todo con lo que decía el autor (ya ves que soy «roquiquierda»). Me enredé y, como me habías advertido, el tema provocó revueltas en mi cabeza, y me quedé como mi apellido: hecho un lío, incapaz de escribir lo que me habías pedido. Así, la fecha límite de entrega del artículo me atrapó sin siquiera iniciar el artículo.

Seguí tu sugerencia: «Pregúntale a Dios qué es lo más importante y habla de eso. Eso me funciona a mí». Entonces le di más mente. Como mis pensamientos fluían en forma de historias, inventé tres cuentos y reambienté otro más. Te los mando aquí, junto con esta excusa de no poder escribir el artículo solicitado.

ATLETISMO EN EL AVIARIO

Se cuenta que hace muchos milenios hubo una carrera de aves. Diversas especies se presentaron para la competencia: el picaflor, el pingüino, el canario, la garza, el buitre, el ganso, la cotorra, el avestruz, la cigua palmera, el flamenco, la cuyaya, etc. Para que «todos tuvieran igualdad de condiciones» se reglamentó que no se podía nadar ni volar, sino solo correr con las patas. Adivina quién ganó. El avestruz. Por supuesto que quienes no ganaron presentaron su queja: con esa «igualdad de condiciones» no se hizo justicia.

CONGRESO DE COPAS Y VASOS

También se dice que hubo una vez un reino de copas y vasos. En medio de una grave sequedad, se convocó una asamblea general. El propósito era repartir el agua entre todos «de manera equitativa». La reina Justina, que era una pequeña copa de oro, impuso una norma para evitar privilegios: «Primero me llenaré hasta el tope. Luego, para que todo sea igual para todos, a cada vaso o copa se le dará la misma cantidad de agua que he recibido». Como la reina era pequeña, se llenó con poca agua y se sintió satisfecha. Pero al final, las copas más grandes de cristal, los enormes vasos de plástico y los tazones de cerámica, entre otros, alzaron su voz de protesta: alegaban que esa «manera equitativa» no era justa, pues habían recibido poca agua y no se sentían satisfechos.

EL CIEMPIÉS Y EL ESCARABAJO

Otras lenguas relatan que en una ocasión el ciempiés y el escarabajo iban hacia un bazar cuando se encontraron en un cruce. Al ver las seis patas del escarabajo, el ciempiés pensó que no había sido creado con justicia: «Dios no me hizo bien. Le exigiré que me simplifique la vida y que me deje solo con seis patas, como el escarabajo».

Por su parte, el escarabajo se quedó admirando la destreza del ciempiés: «¡Wow! ¡Cómo maneja esas cien patas! Me iré a quejar con Dios por haberme dado tan pocas patas. Quiero ser como el ciempiés».

Ambos, con cara de enojo, se desviaron de su ruta original, para dirigirse al despacho de Dios. Mientras iban de camino, murmurando su inconformidad, el uno oyó la queja del otro. Curiosamente, poco a poco sus mentes se fueron serenando. Y cuando llegaron al despacho de Dios, le agradecieron por haberles creado diferentes.

PARROQUIA DEL AMOR FRATERNO

Usualmente las parroquias llevan nombres de santos o de títulos marianos o divinos; pero esta se llamaba de manera muy peculiar: «Parroquia del Amor Fraterno». En el atrio del templo se veía un conjunto escultórico que llamaba la atención de los visitantes. Eran las estatuas de dos hombres: uno de ellos, cargando un saco pesado, subía por una escalera, y el otro, cargando otro saco pesado, bajaba por la misma escalera. Era notorio que los dos se miraban con rostros de asombro. Cada vez que algún peregrino preguntaba por la razón de ese conjunto de esculturas, obtenía por respuesta la siguiente historia:

Había una vez, muchos inviernos atrás, una casa de dos pisos. En el piso superior vivían un hombre, una mujer y los tres hijos de ambos; en el piso inferior, un hombre solo. Los dos hombres se querían como si fueran hermanos de sangre. La sequía había azotado inmisericordemente la zona, de manera que el gobierno decidió racionar la cosecha de arroz: «Debido a la escasez, para que haya igualdad, se entregará solo un saco de arroz por familia, por tiempo indefinido». Así, la familia del piso de arriba obtuvo un saco de arroz. Y el que vivía abajo, que no tenía familia, también recibió su saco de arroz.

Aquella noche a eso de las 3 de la mañana, el hombre del piso superior daba vueltas en la cama sin poder dormir, porque pensaba: «¡Qué injusto soy! Tengo el amor de mi esposa y de mis hijos, pero mi amigo de abajo está solo, no tiene a nadie que le consuele... Ya sé lo que haré: frente a su puerta dejaré nuestro saco de arroz, para que tenga más». Su esposa estuvo de acuerdo. Pero a la misma hora, el inquilino de la planta inferior daba vueltas en la cama sin poder dormir, porque pensaba: «¡Qué injusto soy! No tengo familia a quien darle de comer, pero mi amigo de arriba necesita alimentar a su esposa y a sus tres hijos... Ya sé lo que haré: frente a su puerta dejaré mi saco de arroz, para que tengan más».

Sigilosamente, cada uno salió de su puerta cargando su respectivo saco de arroz, para ir a depositarlo a la puerta del vecino. Uno bajaba y el otro subía, cuando se encontraron en la mitad de la escalera. Se miraron con asombro y exclamaron al mismo tiempo: «¡Mi hermano! ¿Qué haces despierto a esta hora?».

Cuentan que ese lugar se hizo santo porque se había manifestado el amor fraterno. Al pasar los años, se erigió una parroquia en el sitio y la nombraron «Parroquia del Amor Fraterno».

¿POR QUÉ NO SIEMPRE JUSTICIA CONCUERDA CON IGUALDAD?

Historias como las anteriores nos dan una pista: igualdad no siempre huele a justicia. Todo dependerá de a qué uno se refiere por igualdad. Si con el alegato de «igualdad de condiciones», los más vulnerables quedan afectados, entonces no ha habido justicia. Es decir: a todos no se les puede medir con la misma vara. El más débil requiere de mayor atención; al más necesitado se le debe más ayuda. Se trata de que cada uno reciba lo que le corresponde según su necesidad. San Pablo lo dijo de esta manera: *«Ahora ustedes tienen lo que a ellos les falta; en otra ocasión ellos tendrán lo que les falte a ustedes, y de esta manera habrá igualdad. Como dice la Escritura: Ni le sobró al que había recogido mucho, ni le faltó al que había recogido poco»* (2 Corintios 8, 14-15).

Otra pista: la caridad (es decir, el amor fraterno, la solidaridad) determina la justicia real. Quien ama sabe sacrificarse. Ya lo decía el padre Emiliano Tardif: «El que mucho ama es capaz de hacer grandes sacrificios por el amado». Además, quien ama practica la justicia... y no siempre en igualdad de condiciones.

Gracias, Eugenio, por entenderme. Espero que, para el próximo tema, yo esté más capacitado para escribir.

PUENTES VERSUS MUROS

Manny Rosado

Hace poco, mis padres quisieron ayudar al niño que todos los domingos iba a mi casa a limpiar los zapatos. Para apoyar a la familia del niño, intentaron pagarle la escolaridad y así sacarlo del trabajo en la calle. Pero no lo aceptaron en la escuela por no tener documentos de identidad y «aparentemente» por ser de nacionalidad haitiana (según las palabras textuales del niño). ¡Nos encontramos ahí con un «muro»!

El asunto es que negarle la educación a un niño va contra la ley 136-03 del código para la protección de los derechos de los niños, niñas y adolescentes.

DERECHO A LA EDUCACIÓN

En el artículo 45, capítulo 5 habla del derecho a la educación, se establece que: «En ningún caso podrá negarse la educación a los niños, niñas y adolescentes alegando razones como: la ausencia de los padres, representantes o responsables, la carencia de documentos de identidad o recursos económicos o cualquier otra causa que vulnere sus derechos».

¡Ojalá que esto no siga sucediéndole a nadie! Esto es un tema que va más allá de nacionalidades, conflictos de intereses, sociales o políticos. Se trata de respetar los derechos fundamentales de los niños, niñas y adolescentes, sin importar su condición o procedencia. En el mundo hay muros físicos, pero el real muro está en nuestro corazón y en nuestra mente. Estamos creando muchas veces murallas y no puentes de oportunidades. Miramos estas situaciones y decimos: «¡Qué pena!», o peor aún: «¡Qué bueno!», y seguimos de largo.

ANESTESIA CONTRA LA INDIFERENCIA

Un estudio auspiciado por el gobierno dominicano y el Fondo de Población de las Naciones Unidas (UNFPA) establece que contamos con 458,233 residentes de nacionalidad haitiana en el país. (Fuente: Diario Libre).

Muchos niños de ascendencia extranjera han nacido aquí sin que nadie les preguntara. ¿Cuántos de esos niños son indocumentados y andan por las calles de nuestro país? ¿A cuántos les hemos sido indiferentes? ¿Son ellos culpables de las acciones de sus antepasados? Ahora te pregunto: ¿Eres tú culpable de los errores de tus padres? Esta misma situación la viven nuestros familiares dominicanos en Estados Unidos. Africanos en Europa. Coreanos en China. Seres humanos que, en todas partes del mundo, están buscando mejores condiciones de vida.

Es más grande la victoria cuando protegemos al ser humano por encima de cualquier situación. El tema de la inmigración es muy extenso; pero mucho más extenso debe de ser el accionar que, de hoy en adelante, tenemos que realizar en favor de la justicia y la igualdad ante nuestros hermanos, por encima del «pasado» que ellos tengan. «El derecho, la libertad y la dignidad por encima de todo» (Luis Muñoz Rivera).

MUROS QUE COBRAN VIDAS

El papa Francisco decidió que su primer viaje oficial fuera a Lampedusa (pequeña isla siciliana a medio camino entre África y Europa). Es considerada por muchos inmigrantes como la puerta de entrada a Europa. Se calcula que en las últimas dos décadas más de 25,000 personas (en su mayoría africanas) han perdido la vida en el Canal de Sicilia. De ellos, 2,700 durante el año 2011, coincidiendo con el conflicto de Libia.

Ante esta situación, el papa Francisco dijo: «¿Quién de nosotros ha llorado por la muerte de estos hermanos y hermanas, de todos aquellos que viajaban sobre las barcas, por las jóvenes madres que llevaban a sus hijos, por estos hombres que buscaban cualquier cosa para mantener a sus familias? Somos una sociedad que ha olvidado la experiencia del llanto... La ilusión por lo insignificante, por lo provisional, nos lleva hacia la indiferencia hacia los otros, nos lleva a la globalización de la indiferencia». «Te pedimos ayuda para llorar por nuestra indiferencia, por la crueldad que hay en el mundo, en nosotros y en todos aquellos que desde el anonimato toman decisiones socioeconómicas que abren la vía a dramas como estos. Te pedimos perdón por aquellos que con sus decisiones a nivel mundial han creado situaciones que conducen a estos dramas».

Podrás pensar que no tienes nada que ver con esto, pero cada uno de nosotros, con nuestras actitudes, nos podemos convertir en «muros».

SINTIENDO EL DOLOR AJENO

Estuve estudiando un diplomado en Sociopolítica, junto a jóvenes dominico-haitianos. Un día, una de las chicas dio su testimonio: «Nací en República Dominicana y he estado luchando para alcanzar el sueño de ser profesional. Por no tener cédula de identidad, ese sueño se me ha tronchado». Esta chica lloraba inconteniblemente. Fue muy fuerte para mí sentir ese dolor ajeno, sabiendo que yo nunca había tenido problemas con mis papeles legales aun siendo dominico-beliceño.

No me pude contener y salí corriendo del aula de clases. Fui directo al baño a llorar. Mi sensibilidad ante esa situación estaba a mil por uno. Atiné a llamar a mi madre para encontrar consuelo. Le relaté lo que había sucedido. Ella, con palabras sutiles y llenas de amor, me tranquilizó y me motivó a seguir indignándome por las injusticias, y mucho más importante: a seguir trabajando para que sean erradicadas. Ese día lloré. Esas lágrimas limpiaron mis ojos para ver con más claridad las acciones que debía hacer para ayudar a los que sufren. Luego viví una experiencia de cuatro días fuera de la ciudad con estos chicos dominico-haitianos. Pude visualizar que eran más las cosas en común que las que nos apartaban, desde el baile, la comida y hasta la alegría y el carisma que nos representan como caribeños. Pude darme cuenta de que hay más puentes que muros entre nosotros.

JESÚS TAMBIÉN FUE UN INMIGRANTE

Los padres de Jesús tuvieron que emigrar a un pueblo vecino para poder dar a luz. Ellos tocaron puertas, pero no consiguieron lugar. Al final, María y José fueron a parar a un establo y allí nació ese hombre que cambió al mundo. Poco después de nacer, tuvo que emigrar con sus padres a Egipto. Desde ese humilde nacimiento, treinta años más tarde es fácil entender el porqué del milagro de la multiplicación de los panes y peces. Él no quiso ser un «muro»: él se ocupó de miles de personas que había allí, dándoles de comer a todos, compartiendo lo que tenía con ellos.

¿CÓMO AYUDAR?

La Iglesia Católica en República Dominicana cuenta con diferentes instituciones que ayudan a los olvidados, a los más necesitados, a todos aquellos que carecen de lo necesario para tener una vida digna. Estas instituciones realizan una ardua, respetuosa y admirable labor a imitar. Pero esto no llega a las noticias de primera plana.

Centro Bonó
Calle Josefa Brea N°65,
Mejoramiento Social,
Santo Domingo, Rep. Dom.
📞 1-809-682-4448
📞 1-809-682-2121
✉ centrobono@bono.org.do

Centro Jesús Peregrino de las Hermanas Scalabrinianas
Diócesis: San Pedro de
Macorís, Carretera Mella, próximo
Batey Don Juan, Ingenio Consuelo,
San Pedro de Macorís, Rep. Dom.
📞 1-809-923-2295
✉ scalabrinianascajp
@hotmail.com

Pastoral haitiana
Arquidiócesis: Santo Domingo
Dirección: Av. Expreso
V Centenario, Edificio Radio ABC,
2do. Piso, Villa Juana,
Santo Domingo, Rep. Dom.
📞 1-809-440-2527

Catholic Relief Services
Arquidiócesis: Santo Domingo
Dirección: Calle Coronel
Fernández Domínguez, esquina
calle Beethoven Escoto, Santo
Domingo, Rep. Dom.
📞 1-809-567-1271
crs.org | crsespanol.org

PIENSA CÓMO TE GUSTARÍA SER TRATADO EN CUALQUIER SITIO QUE TE ENCUENTRES Y COMIENZA A TRATAR A LOS DEMÁS DE LA MISMA MANERA.

¡Empieza con las personas que piensan diferente a ti!

RECOMENDACIÓN MUSICAL:
Un tazón de caldo (Sorpresa) Luis Alfredo Díaz
Black or white Michael Jackson
Abriendo puertas Gloria Estefan
Haz de luz Metanoia

DIGNI-
DAD
HUMANA

DIGNOS DE SER DIGNOS

Yuan Fuei Liao

En misa, justo antes de formarse la fila para comulgar, oí que todos rezaban: «Señor, no soy digno de que entres en mi casa, pero una palabra tuya bastará para sanarme». Minutos más tarde, durante la comunión, el coro cantó un himno: «Digno eres, digno eres, digno eres, Señor...». La palabra se me quedó colgando de la cabeza... «Digno... ¿qué será eso?».

Wikipedia, cual Chapulín Colorado, siempre acude a ayudarnos. Dice: «La dignidad, o cualidad de digno, hace referencia al valor inherente al ser humano en cuanto ser racional, dotado de libertad y poder creador, pues las personas pueden modelar y mejorar sus vidas mediante la toma de decisiones y el ejercicio de su libertad». Valor inherente... Es decir: el ser humano vale por lo que es, no por lo que hace ni por lo que tiene.

Hay mujeres y hombres, hay jóvenes y ancianos, hay ricos y pobres, hay negros y blancos, hay empresarios y desempleados, hay fuertes y débiles, hay famosos y anónimos, etc. ¿Quién vale más de todos?

Si eliminamos las diferencias (superficiales) nos daremos cuenta de un común denominador: todos somos seres humanos, pertenecemos a la gran familia de la humanidad. Y por el hecho de existir como ser humano, cada uno merece valor, respeto, aprecio y amor. Y este valor es intrínseco en cada ser humano: ni podemos otorgarlo ni somos capaces de retirárselo a alguien. Nada ni nadie se lo puede quitar, ni las diferencias naturales ni las diferencias sociales. Es algo que nos viene dado, anterior a nuestra voluntad.

PRINCIPIOS DE LA DIGNIDAD HUMANA

Este valor singular que es la dignidad humana reclama de nosotros unos principios en el trato con los demás:

Principio de respeto: Tratar a cada persona (a uno mismo y a los demás) con el respeto que le corresponde por su dignidad y valor como persona. Es la regla de oro presente en todas las religiones. Jesús la formuló así: *«Todo lo que quieran que los demás hagan con ustedes, así también hagan ustedes con ellos»* (Mateo 7, 12).

Principio de no-malevolencia y de benevolencia: En todo evitar dañar a los otros, y procurar siempre el bienestar de los demás.

Principio de integridad: Comportarse en todo momento con honestidad, tomando decisiones con el respeto que se debe a uno mismo.

Principio de justicia: Tratar a cada uno de forma similar en circunstancias similares.

Principio de utilidad: Elegir siempre aquella actuación que produzca el mayor beneficio para el mayor número de personas.

LA REVELACIÓN CRISTIANA: LA DIGNIDAD DE HIJOS DE DIOS

Hace unos años, en un retiro vocacional, un sacerdote nos ponía a pensar: «¿Qué constituye el centro del cristianismo?». Cada uno de los jóvenes presentes respondía: «El amor», «el Reino de Dios», «la Eucaristía», «el Evangelio», «Jesús mismo», «Dios»... El sacerdote retomó la palabra y nos dijo: «El centro del cristianismo es... el ser humano». Recuerdo que nos quedamos tan sorprendidos con esta respuesta, que el padre tuvo que aclarar: «El ser humano es tan importante para Dios, que este se hace hombre para enseñarnos a vivir dignamente. Dios otorga tanta importancia al ser humano, que se identifica con él: lo que hacemos con una persona, se lo hacemos a Dios mismo. No podemos amar a Dios, a quien no vemos, si no amamos al hermano, a quien sí vemos» (cf. 1 Juan 4, 20).

El «escándalo» del cristianismo es creer que Dios prefiere «bajar del Cielo» para hacerse como uno de nosotros, caminar como ser humano en medio de nosotros, e incluso morir y resucitar por nosotros. Así, dirá el Catecismo de la Iglesia Católica: «El hombre es capaz de Dios». Significa: Dios, al hacerse uno de nosotros en la persona de Jesús, nos da la capacidad de conocer la presencia de Dios. Y además nos ha regalado la gran dignidad de ser imagen y semejanza suya, y aún más: ser hijos de Dios.

Por eso, Jesús, como nos lo muestran tantos pasajes de los evangelios, ponía a la persona en el centro, por encima de los objetos e incluso de las leyes religiosas: «*El sábado es para el hombre, no el hombre para el sábado*» (Marcos 2, 28).

Como contrapartida, para justificar la esclavitud se decía que el esclavo no era persona humana, sino un objeto; es constante en la historia de la humanidad negar la dignidad humana para justificar atropellos contra personas. El siguiente cuento, de Pedro Pablo Sacristán, nos arroja luz sobre la dignidad humana, tanto sus respetos como sus violaciones.

EL REY INDIGNO

Había una vez un rey rico y poderoso, dotado de gran inteligencia y aun mayor soberbia. Tal era su orgullo, que nadie le parecía un rival digno para disfrutar de su afición favorita: el ajedrez. Hizo correr la voz de que daría la décima parte de sus riquezas a quien mostrara tener la dignidad suficiente. En cambio, si el rey no lo consideraba digno, sería decapitado de inmediato.

Muchos arriesgaron sus vidas desafiando al orgulloso rey. Fueran ricos o pobres, torpes o inteligentes, el rey los encontraba siempre indignos, pues o no eran sabios jugadores, o no podían rivalizar con su poder. Con el tiempo, desaparecieron los temerarios rivales, y el rey comprobó satisfecho que no había en la Tierra nadie digno de enfrentarse a él.

Años después, un pobre mendigo se acercó al palacio con la intención de jugar contra el rey. De nada sirvieron las palabras de aquellos con quienes se cruzó, que trataban de evitarle una muerte segura. Consiguió llegar al rey, quien al ver su harapiento aspecto no podía creer que a aquel hombre se le hubiera pasado por la cabeza ser un digno rival suyo.

—¿Qué te hace pensar que eres digno de enfrentarte a mí, esclavo? —dijo el rey irritado, haciendo llamar al verdugo.
—Que te perdono lo que vas a hacer. ¿Serías tú capaz de hacer eso? —respondió tranquilo el mendigo.

El rey quedó paralizado. Nunca hubiera esperado algo así, y cuanto más lo pensaba, más sentido tenían las palabras de aquel hombre. Si lo condenaba a muerte, el mendigo tendría razón, y resultaría más digno que él mismo por su capacidad para perdonar; pero si no lo hacía, habría salido con vida, y todos sabrían que era un digno adversario... Sin haber movido una ficha, se supo perdedor de la partida.

—¿Cómo es posible que me hayas derrotado sin jugar? Juegue o no juegue contigo, todos verán mi indignidad —dijo el rey abatido.
—Os equivocáis, señor. Todos conocen ya vuestra infamia, pues no son las personas las indignas, sino sus obras. Durante años habéis demostrado con vuestras acciones cuán infame e injusto llegasteis a ser tratando de juzgar la dignidad de los hombres a vuestro antojo.

El rey comprendió su deshonra, y arrepentido de sus crímenes y su soberbia, miró al mendigo a los ojos. Vio tanta sabiduría y dignidad en ellos, que sin decir palabra le entregó su corona, y cambiando sus vestidos, lo convirtió en rey. Envuelto en los harapos de aquel hombre, y con los ojos llenos de lágrimas, su última orden como rey fue ser encerrado para siempre en la mazmorra más profunda, como pago por todas sus injusticias. Pero el nuevo rey mostró ser tan justo y tan sabio, que solo unos pocos años después liberó al anterior rey de su castigo, pues su arrepentimiento sincero resultó ser el mejor acompañamiento para su dignidad.

¿QUIÉN QUIERE UN MILAGRO?

Manny Rosado

Hace un tiempo visité la **Casa de Acogida del Programa «Yo también»,** de la Pastoral Juvenil de la Arquidiócesis de Santo Domingo, en el barrio de San Carlos. Es un proyecto dirigido a la ayuda de menores en situación de calle. Los niños, niñas y adolescentes en situación de calle son aquellos menores de 18 años que tienen vínculos familiares débiles o inexistentes. Hacen de la calle su hábitat principal y desarrollan en ella estrategias de supervivencia. Esto los expone a distintos tipos de riesgos. (Boletín del Instituto Interamericano del Niño No. 236).

La situación de vida en la calle generalmente es ocasionada por irresponsabilidad familiar, falta de educación de los progenitores, pobreza, insensibilidad de la sociedad, apatía o incapacidad de las autoridades del estado.

EL MILAGRO... EN LO SIMPLE

Fui a aquel lugar con el objetivo de llevar un aliento de paz a través de mi música. En la actividad con los niños y adolescentes, en medio de una canción, hice una simple pregunta: «¿Qué es un milagro para ustedes?». Un niño, de aproximadamente ocho o nueve años, respondió: «Para mí, un milagro fue aquel día cuando un ángel me encontró tirado, merodeando en la calle y me recibió entre sus brazos. Me sacó de la vida en las calles y me trajo a este lugar, donde me dan educación y una cama». Al escuchar esto, mi corazón se puso pequeñito y solo pensaba: «¿Acaso nadie se va a preocupar de estos niños? ¿Cómo es que niños y adultos lidian con la realidad de no poseer ni un centavo para llenar sus barrigas?».

Luego se acercó otro niño, de aproximadamente once años, y respondió: «Durante tres años viví en la calle, durmiendo en la playa de Güibia (Santo Domingo). Comía la basura que la gente tiraba. Esperaba a los carritos de "chimi" (puestos ambulatorios de venta de comida) a que botaran las sobras para poder alimentarme. A veces me dolía la cabeza. Duraba más de 22 horas despierto porque no tenía una madre que me pasara la mano o me diera una pastilla para el dolor. Hoy estoy en la casa de acogida y gracias a eso me siento limpio y a salvo». Estoy seguro de que ese niño ha recordado qué significa **SER HUMANO** y tener **DIGNIDAD.**

LECCIÓN APRENDIDA

Salí de aquel lugar llorando de impotencia al no poder hacer más por ellos en ese momento. De inmediato se acercó a mí una religiosa, que me dijo: «Manny, sé agradecido con lo que estás haciendo en este momento y recuerda siempre que todo tiene su momento. Da siempre tu mayor esfuerzo». Esta experiencia me enseñó la gran diferencia entre el sentimentalismo y el sentimiento. El sentimentalismo es quedarse llorando ante una situación, mientras que el sentimiento es no quedarse solamente llorando, sino convertir la experiencia en un aprendizaje y ejecutar acciones en base a lo sentido.

La dignidad humana es un valor y un derecho inviolable de la persona.

DEL SENTIMIENTO A LA ACCIÓN

Desde que salí de la casa de acogida, lo primero que hice fue llamar a mi madre y darle las gracias por todo lo que había hecho por mí. Le di las gracias hasta por lo que no me había dado, ya que hasta el momento era suficiente lo que me había dado. Cuando llegué a casa, vi que mi hermana menor estaba peleando porque quería beber refresco (gaseosa) y no jugo. Me sentí tan mal por dicha reacción, luego de haber vivido aquella experiencia con los niños y adolescentes en situaciones de calle.

En ese momento tuve dos opciones:
1- Pegarle a mi hermanita y no permitirle beber jugo o refresco.
2- Llevarla a la reflexión con un trato amoroso y considerado.
Opté por la segunda opción. Senté a mi hermanita conmigo. Le relaté la misma historia que acabo de describir. Mi hermanita, al escuchar esta historia, tragó en seco, me miró a los ojos y me dijo: «Manny, ya no quiero refresco, mejor quiero agua». Ella entendió el mensaje y recapacitó. Si ella pudo enteder el mensaje, quisiera que tú también. Podemos ayudar y educar con amor.

LO DIGNO EN TI

«La dignidad humana es aquella condición especial que reviste a todo ser humano, y lo caracteriza de forma permanente y fundamental desde su concepción hasta su muerte». Tú que me lees en este momento, quisiera que, al igual que mi pequeña hermana, entiendas que la dignidad humana es un valor y un derecho inviolable de la persona.

¡Debemos luchar por ella!
Según los informes de Unicef, existen 100 millones de niñas y niños abandonados en todo el mundo, de los cuales 40 millones pertenecen a América Latina, con edades que oscilan entre los 10 y 14 años. Son condenados a intentar sobrevivir en el único «hogar» que tienen disponibles, esto es: las calles del continente.

HAZ TÚ EL MILAGRO

Es verdad que Dios hace milagros, pero lo hace con nuestro SÍ. Podemos ser ese alguien que participe de la alegría de estos niños, niñas y adolescentes. ¿Cuántos miles andan rondando en las calles, esperando a un ángel que acuda a su llamado? ¡El que escribe en el alma de un niño escribe para siempre!

Todavía estás a tiempo de responder a este llamado. Abre los ojos, quita la venda que te ha mantenido cegado. Ayuda a que menos niños, niñas y adolescentes formen parte de esta cruel realidad, y ese será tu milagro.

Más del 30 % de niños, niñas y adolescentes de nuestro país viven en pobreza. Toda intención sin acción es una simple ilusión. Este es el momento de accionar. Busquemos las alternativas de llegar a los corazones de los más necesitados y ahí estará el milagro.

«A veces sentimos que lo que hacemos es tan solo una gota en el mar, pero el mar sería menos si le faltara una gota» (madre Teresa de Calcuta).

CUANDO VEAS A UN NIÑO, NIÑA O ADOLESCENTE EN SITUACIÓN DE CALLE,

en vez de juzgarlo, discriminarlo y excluirlo, míralo con ojos de amor y busca la manera de redireccionarlo hacia una ayuda profesional o de fe.

RECOMENDACIÓN MUSICAL:
Milagros *Manny Rosado*
Todo estará bien *Son by Four*
Imagine *John Lennon*

SER HUMA-NO

SER HUMANO ASPIRANDO A SER MÁS HUMANO

Yuan Fuei Liao

Cuando yo era pequeño, escuché a un sacerdote explicar: «La piedra es piedra desde su inicio, el ángel es ángel desde su inicio; pero el ser humano, para llegar a ser humano, tiene que pasar por un proceso». No entendí muy bien lo que quiso decir. Pero han pasado los años. Ahora cuando se me pregunta quién soy, suelo responder diciendo: «Soy un ser humano aspirando a ser más humano, y también un exniño aspirando a ser más niño». Es que el ser humano, así como evoluciona físicamente, puede involucionarse en otros aspectos: irse deshumanizando.

Pero... ¿qué es el ser humano? O, mejor, ¿quién es el ser humano? Se le puede abordar desde distintas ópticas:

¿QUÉ ES ESTE QUIÉN?

Biológicamente, es el «homo sapiens». Es esa especie del orden de los primates, de la familia de los homínidos, que posee capacidades mentales para inventar, aprender y utilizar estructuras lingüísticas complejas, lógicas, matemáticas, escritura, música, ciencia y tecnología. Si lo limitamos a su aspecto biológico, podemos ilustrarlo como un amasijo de muchos recipientes de agua, calcio, hierro, fósforo, etc. Pero ese no es su único aspecto.

Socialmente, el ser humano es un ente capaz de concebir, transmitir y aprender conceptos abstractos para relacionarse e interactuar con los demás de su especie y con su realidad circundante.

Filosóficamente, el ser humano tiene conciencia de sí mismo, de su presente, su pasado y su futuro. Puede razonar, planear y concretar proyectos. Fruto de esa capacidad de reflexión, ha ideado códigos morales para asumir sus responsabilidades.

Religiosamente, desde el punto de vista cristiano, el ser humano fue creado a imagen y semejanza de Dios, tiene la dignidad de ser hijo de Dios y templo de su Espíritu, y «es "capaz" de Dios» (Catecismo de la Iglesia Católica, cap. I). Tan capaz, que hasta Dios mismo se hace humano. El ser humano, además del cuerpo, posee alma, espíritu. Pero es vulnerable, con carencias, limitaciones. Es un tesoro en vasija de barro. La belleza que tiene puede ser opacada y también amplificada, porque el ser humano es libre: tiene la facultad de decidir, puede desarrollarse o destruirse, puede expandirse o extinguirse. De hecho, puede estar en «peligro de extinción».

El jesuita Teilhard de Chardin alegaba: «No somos seres humanos por tener una experiencia espiritual. Somos seres espirituales por tener una experiencia humana». Es decir, lo que nos hace «espirituales» no es tanto por ir divinizándonos, sino que es por el mismo hecho de ir humanizándonos. ¿Y qué significa «humanizarse»? Es hacerse más afable, benigno, caritativo, familiar.

SIGNOS DE PUNTUACIÓN COMO SIGNOS DE HUMANIZACIÓN

Usaré los signos de puntuación, inventados por los propios humanos, para examinar distintas facetas para ir humanizándonos.

, La coma. De la misma manera en que la coma es el signo de puntuación que sirve de unión de palabras para agruparlas, así mismo, un ser humano se une a los demás seres humanos. Es su dimensión social. El ser humano, para expandirse, se acerca y se relaciona con los otros: establece relaciones familiares, de amistades, de cooperación, laborales y de otros intereses. También se relaciona con su entorno natural, respetándolo, cuidándolo. Cuando un ser humano se cierra tajantemente a la posibilidad de interactuar con los demás, o peor aún, provoca violencia contra sus semejantes (hasta los horrores de la guerra), o irracionalmente destruye la naturaleza (que es la «casa común», según el papa Francisco), se deshumaniza, corre peligro de extinción.

; El punto y coma. Es el signo que sirve para hacer pausas mayores que la coma. El ser humano requiere de pausas en su vida para atenderse en su proceso de humanización. Algunos pausan para descansar, otros para vivir un retiro espiritual de oración. También se pausa para cambiar la rutina y respirar aires nuevos, o para adquirir nuevos conocimientos, o para un servicio de voluntariado social... Esta capacidad para detenerse, a favor de la interioridad de la persona, es muy necesaria. Cuando se deja arrastrar por los trajines de una sociedad consumista, sin tiempo para priorizar las pausas, entonces el ser humano se deshumaniza, corre peligro de extinción.

. El punto. Es el signo que marca un final, una llegada. El ser humano necesita metas y objetivos. Son esos valores que le motivan a continuar para alcanzarlos. Establecer puntos de llegada y tener la visión de ir por ellos... Eso caracteriza al ser humano. Cuando vive sin motivaciones o no se apasiona por un sueño, se puede deshumanizar, puede correr peligro de extinción.

¿? Los signos de interrogación. Evocan preguntas, inquietudes. El ser humano vive haciéndose preguntas. Es parte de su sed de aprender, de su innata curiosidad, de su deseo de descifrar misterios de la vida. Los interrogantes empujan a seguir indagando, aprendiendo, investigando. Impulsan a vivir. No me preocupan tanto las personas sin respuestas: me preocupan más las personas sin preguntas. Porque cuando alguien no se pregunta más, es probable que se haya anquilosado, deshumanizado. Y corre peligro de extinción.

¡! Los signos de admiración. Comunican asombro, exclamación, sorpresa, estupor. El ser humano, desde sus inicios como bebé, tiene una gran capacidad de admiración, que lo hace maravillarse de lo que percibe. Disfruta la belleza, el arte, la creatividad, la inventiva, los talentos, el altruismo. Se asombra de la complejidad de algo grande y hasta de la sencillez de algo pequeño. Queda anonadado ante la presencia de Dios. Pero cuando el ser humano pierde esa capacidad de asombro, se deshumaniza y corre peligro de extinción.

«» Las comillas. Son signos que se usan para citar lo que alguien ha dicho en el pasado. Las personas evocan la memoria. Recuerdan a sus antepasados y sus legados, se acuerdan de su historia. Cuando el ser humano se olvida de honrar a sus predecesores y pierde la memoria de lo que dejaron como herencia, se deshumaniza y corre peligro de extinción.

… Los puntos suspensivos. Denotan que una frase está inconclusa, que hay algo más que sigue. Lo mismo sucede en la vida del ser humano: intuye que la muerte no es el final del camino, que hay algo más que sigue. Esta intuición por lo que trasciende es un motor para la vida. Para quienes se declaran ateos, lo que trasciende puede ser ese legado de obras y valores que la vida del finado deja como herencia. Y para los creyentes, la muerte es apenas la puerta para una vida eterna, de encuentro consolador con el Creador, con un Dios Padre y Madre, de irrefrenable amor, que recibe en su regazo a sus hijos. Cuando el ser humano pierde esa noción de lo trascendental, se deshumaniza y corre peligro de extinción.

Con ese amor de Dios, con Jesús, el Dios humano, como modelo, aspiro a ser cada vez más humano, en esta y en la otra vida.

DE SER OBJETO A SER HUMANO 

Manny Rosado

¿Cuándo comenzamos a ver al ser humano como un objeto? Muchos políticos se acuerdan de las personas solo cuando están en campaña electoral. Como diría el rapero puertorriqueño Vico C, en su canción «Me desahogo»: «Nos usan pa' ganar, después nos tiran cuando ganan. Y pa' ganar las elecciones van al caserío. Abrazan a mi abuela, saludan a mi tío, pero los pasados cuatro años estaban escondidos».

DESHUMANIZACIÓN

También vemos cómo las personas que están en las cárceles son olvidadas por la sociedad. Muchos que viven en los barrios marginados son excluidos de oportunidades. Las personas que viven con alguna discapacidad son menospreciadas. Muchos ancianos son llevados a asilos, ya que para algunas familias «dizque» representan una carga. Los que padecen del VIH SIDA son estigmatizados por su enfermedad.

Muchos inmigrantes son discriminados por su nacionalidad, raza o ideología. Apartamos a las personas. Las alejamos. Estamos viviendo hoy en día un proceso de deshumanización tan grande que hasta a veces se nos olvida el real significado de lo que es «ser humano».

HUMANIZACIÓN

Dentro de todo este proceso, hay una luz en el camino. ¡Todavía estamos a tiempo de humanizarnos! Según la RAE, la definición de humanizar es: «Hacer humano, familiar y afable a alguien o algo. Ablandarse, desenojarse, hacerse benigno». Partiendo de esta definición, tenemos un llamado, como personas, de ablandarnos ante las situaciones de nuestro prójimo. Acercarnos. Ser más empáticos. Desenojarnos ante las realidades difíciles que se nos presentan en la vida. Ser menos duros con nosotros mismos. Amarnos...

Para poder ser más humanos debemos apiadarnos, conmovernos y compadecernos con las luchas de los demás. Eso se logra cuando conocemos más y amamos más. «Para amar más, hay que conocer más».

HISTORIA QUE HUMANIZA

Hablando de conocer más, hace varios años, mientras yo estaba sentado fuera de la catedral de San Pedro de Macorís, se me acercaron cuatro niños en situación de alto riesgo y pobreza, cuyos nombres eran por «DIOScidencia»: Ángel, Miguel Ángel (1), Miguel Ángel (2) y Maicol. Los apodé «los angelitos». Solo bastó conversar con ellos para conocer sus realidades, sus situaciones, sus historias de vida. ¡Escuchar para humanizarme (amar) más!

Al padre de Ángel lo mataron justo delante de él. Al padrastro de Miguel Ángel (1) lo mataron delante de él, de todos sus hermanitos y de su madre. En los ojos de estos niños vi una gran necesidad. Vi el rostro de Jesús pidiendo ser acompañado. A pesar de sus realidades, estos niños tenían la capacidad de sonreír. Asistían a la escuela. Querían ser doctor, abogado, policía y pelotero. ¡Sueños por cumplir! Todos tenemos una historia que contar, que marca lo que somos hoy. ¿Estamos tomando en cuenta las historias de vida de los demás? ¡Esto literalmente me cambió la forma de ver la vida!

Sigo preguntándome: ¿Cuándo la vida humana comenzó a perder su valor? Estos dos padres perdieron la vida, víctimas de la violencia. Es lamentable ver cómo se arrebata la vida de personas, como si no tuviese valor alguno. Podemos citar otros casos, como la guerra en Siria: entre 320,000 y 450,000 personas han muerto y 5,000,000 han huido del país. Cientos de personas han muerto en las protestas en contra del gobierno en Venezuela, solo por exigir sus derechos como ciudadanos. ¿Qué necesitamos para poder contrarrestar todo esto?

UN DIOS HUMANO

Jesús tuvo que «ser humano» y Dios a la vez, para hacerse más cercano, para cambiar nuestra forma de ver a Dios, para ponernos en el centro de su prioridad. Jesús tuvo que amar y sufrir. Sufrir y amar. Dios ama la vida humana. Espera grandes cosas de cada uno. Es simple. Aprendamos de él. Defendamos a las personas por encima de cualquier situación.

Comencemos a ver a Jesús humano reflejado en el que sufre. En el excluído. En el rechazado. En el enemigo y en el que nos hizo daño. En nosotros mismos. En los que amamos. En nuestra familia. En nuestro alrededor. Cuando empecemos a ver a Jesús en todo nuestro entorno es cuando transcenderemos. Dejaremos de ver a las personas como objetos. Valoraremos más la vida y construiremos un mundo más HUMANO.

REFLEXIONA SOBRE LAS ACTITUDES Y PENSAMIENTOS QUE TE ALEJAN DE SER MÁS HUMANO.

Vive experiencias de trabajo social o apostolados para que sigas sensibilizando tu corazón y puedas estar más atento a las necesidades del prójimo.

RECOMENDACIÓN MUSICAL:
Cuando sientas Manny Rosado ft. Celinés Díaz
Amigo Mi Sostenido
Guerra Residente
Ayer te vi Jesús Adrián Romero

CIENCIA
VERSUS
FE

¿GÉNESIS O GENES? ¿ADÁN O ADN?

Yuan Fuei Liao

Aquella mañana yo miraba desde la ventanilla del avión a punto de despegar. Mensualmente suelo tener uno o dos viajes al extranjero, así que estaba habituado a la escena que se veía desde la ventanilla. Pero en esa ocasión me fijé especialmente en las dos alas del avión. Fue cuando recordé una frase de Juan Pablo II: «La fe y la razón son como las dos alas con las cuales el espíritu humano se eleva hacia la contemplación de la verdad» (Fides et ratio, introducción). Me encomendé a Dios... y a la tecnología, fruto de la ciencia. Agradecí a Dios por permitirme confiar en él desde la fe, y me sentí agradecido con la ciencia que aportó complejas tecnologías para posibilitarme «volar».

¿La fe y la razón se enfrentan? ¿La religión y la ciencia tienen que ser enemigas? ¿Determinamos nuestro origen por el Génesis o por los genes? ¿Estudiamos nuestra procedencia por Adán o por el ADN? ¿La fe cristiana se opone a la ciencia? «¡Claro que sí!», responden muchos. Pero...

Hay tres posturas respecto a la relación entre la fe y la razón. El racionalismo afirma que todo debe ser determinado por la razón y el análisis de las evidencias de los hechos. El fideísmo sostiene que la fe y las creencias deben tener cabida por encima de la evidencia o la razón. Una teología madura considera que fe y razón son compatibles, que la evidencia y la razón pueden llevar a la creencia en los objetos de fe.

Los fundamentalistas de las religiones, con su fideísmo radical, se basan en una fe ciega en lo que está escrito literalmente en unos libros considerados sagrados. Se fanatizan al punto de rechazar toda discusión que no tenga base en sus creencias. Igualmente puede haber un ateísmo radical que no admita absolutamente nada que «huela» a religión.

¿Cuál podría ser una postura honesta y saludable de una persona creyente que quiera seguir las enseñanzas de Jesucristo?

CRISTIANOS QUE CREEN EN LA CIENCIA, Y CIENTÍFICOS QUE CREEN EN DIOS

Conozco un destacado cirujano que, antes de realizar cualquier cirugía, ora por la sanación del paciente. El alegato de este médico cristiano es: «Practico la medicina como si todo dependiera de la ciencia, pero también oro como si todo dependiera de Dios».

Pero aún existen ciertos sectores religiosos que pretenden ver en la Biblia un tratado de geografía, biología, antropología, historia, entre otras disciplinas científicas. Y resulta que los libros de la Biblia no se escribieron con fines de explicar científicamente los acontecimientos humanos. De hecho, una fe adulta no rechaza los argumentos de las investigaciones científicas. Una fe no «infantilista» reconoce que la Palabra de Dios no es lo que está escrito literalmente en la Biblia, sino que la Palabra de Dios es el mensaje que él quiere comunicarnos a través de las palabras escritas en la Biblia. Aquí la palabra clave es: mensaje. La intención de la Biblia es transmitir un mensaje de salvación, no unas explicaciones científicas.

El pilar de la ciencia renacentista, Galileo Galilei, dijo: «Convendría más al decoro y a la dignidad de esas Sagradas Escrituras el procurar evitar citas interpretadas o, mejor, estrujadas con sentidos tan alejados de la recta intención de esa Escritura».

AMBAS BUSCAN LA VERDAD

Hay tanto de parabólico y poético en los llamados textos sagrados. Y la parábola y la poesía usan lenguaje alegórico, es decir: utilizan símbolos para representar ideas. Se trata de simbolizar una idea abstracta con formas que permitan representarla, apelando a personas, animales u objetos. Por su parte, la ciencia no usa alegorías, sino un lenguaje directo, basado en evidencias investigadas.

Por tanto, preguntarse a nivel bíblico sobre cómo pudieron caber dos animales de cada especie en el arca de Noé, es de hecho un problema mal planteado, pues se pide una respuesta que va más allá del campo que pretende abarcar la Biblia. Al mismo tiempo, preguntarse a nivel científico si Dios existe o no, o si dijo o hizo tal cosa, es también un problema mal planteado, pues se pide una respuesta que va más allá del campo de estudio de la ciencia. Ambas, fe y ciencia, buscan la verdad, aunque por vías y motivos distintos pero complementarios.

Francis Bacon, quien reorganizó el método científico, afirmaba: «Dar a la fe lo que le corresponde a la fe y distinguir claramente entre el libro de la Palabra de Dios y el libro de sus obras es premisa fundamental... El conocimiento no puede sino constituir una eficaz incitación a la exaltación de la gloria de Dios... La teología revela la voluntad de Dios; la ciencia, su poder».

El Premio Nóbel de Física (1981), Arthur Schawlow, manifestó: «Al encontrarse uno frente a frente con las maravillas de la vida y del universo, inevitablemente debe preguntarse por qué y no simplemente cómo. Las únicas respuestas posibles son de orden religioso... Tanto en el universo como en mi propia vida tengo necesidad de Dios».

La fe no quiere explicar el «cómo» de las cosas, sino el «porqué» y el «para qué». Un creyente respeta el genuino campo de la ciencia, encargada de investigar la naturaleza, sus leyes y sus efectos. La fe bien llevada puede aportar dándoles un sentido a esos descubrimientos. También, creerle a un Dios compasivo puede ser uno de los fundamentos para una ética de vida más compasiva, humanizadora y altruista:

UN HOMBRE EN EL HOYO

Un hombre cayó en un agujero profundo y se rompió una pierna. Gritó pidiendo ayuda. Pasó un consejero moralista y le dijo: «Si algún día logras salir de ahí, ten cuidado de por dónde andas para que no vuelva a sucederte lo mismo». Poco después se acercó otra persona y le dijo: «Intenta controlar con tu mente el dolor y subir un poco, a ver si te alcanzo con mis brazos». Pero el hombre con su pierna rota fue incapaz de moverse. Luego pasó un teórico religioso que le dijo: «¡Aguanta! Este es tu destino». También se acercó una populista belicosa que le pidió un compromiso: «Si logras salir, te vengarás del que te hizo el hoyo. ¡Cuenta conmigo para echarlo dentro!». Un estudioso se acercó para medir la profundidad del hoyo y la velocidad con la que cayó el hombre hasta el fondo, así como la fuerza del impacto. Además, calculó lo necesario para crear un soporte capaz de bajar a alguien a lo hondo y subirlo de nuevo con el hombre caído. Dejó todo escrito y se marchó. Finalmente, pasó por allí alguien cuya fe le movió a la compasión. Con lo que escribió el estudioso, pudo bajar hasta el fondo del agujero. Cargó con el herido y lo sacó, para ser curado.

Por cierto, este cuento también es una alegoría.

EL PUNTO DE CONVERGENCIA

Manny Rosado

La convergencia es la propiedad de dos o más cosas que confluyen en un mismo punto. Es la unión en un punto de varias líneas o trayectorias. Nos hemos dado a la tarea de encontrar ese punto donde coinciden las ideas entre la fe y la ciencia. Dentro de esta investigación nos hemos topado con científicos e inventores que, a lo largo de sus carreras, pudieron encontrar ese punto de convergencia en el que Dios y la ciencia comparten juntos en la misma mesa.

CIENTÍFICOS E INVENTORES

Comencemos con **Louis Pasteur (1822-1895)**, químico y físico francés, conocido como el padre de la microbiología. Una vez dijo: «Un poco de ciencia aleja de Dios, pero mucha ciencia devuelve a él». ¡No nos conformemos con lo poco! Podemos ir más allá. Dios y la ciencia pueden caminar juntos, aun en sus diferencias. Es cuestión de enfocarnos más en las cosas que unen. Lo mismo pasa con quienes piensan diferente a uno. Cuando conoces más del otro es posible encontrar puntos de convergencia, como la empatía, la afinidad y las historias de vidas similares. ¡Descubrir para unir!

Isaac Newton (1643-1727)

Fundador de la física teórica clásica: «Lo que sabemos es una gota; lo que ignoramos, un inmenso océano. La admirable disposición y armonía del universo no ha podido sino salir del plan de un ser omnisciente y omnipotente».

¡Es vital romper con la ignorancia! Esa que nos mantiene inmersos en críticas destructivas. Grandes descubrimientos y logros se han dado cuando se tiene a Dios en un primer plano. «Dios es océano; nosotros, pequeñas gotas». Nademos por todas sus aguas sin miedo, y en todo lugar lo encontraremos.

Thomas Alva Edison (1847-1931)
Inventor de la bombilla, poseía 1,200 patentes: «Mi máximo respeto y mi máxima admiración a todos los ingenieros, especialmente al mayor de todos ellos: Dios».

El hacernos conscientes de que por encima de nosotros hay un Dios que puede más que nuestras fuerzas nos impulsará a construir mejores oportunidades para nosotros, los demás y el mundo que nos rodea. Nos ayudará a cambiar nuestra forma de la ver la vida y los problemas.

CAMBIANDO EL CHIP
Una vez le preguntaron a Thomas Alva Edison sobre la cantidad de veces que fracasó en su proceso de creación de la bombilla. Respondió: «No fracasé, solo descubrí 999 maneras de cómo no hacer la bombilla». Llevando la frase de este científico a la fe, podemos decir que: **«En Jesús no fracasamos. En Jesús aprendemos y nos levantamos».**

CIENCIA Y FE
Así como hay personas que han sido impulsadas por la ciencia y la fe, también hay ciencias que, apoyadas en la fe, han logrado beneficiar a la humanidad. Podemos hablar de «política social».

POLÍTICA SOCIAL
Se centra en examinar los aspectos de la economía, la sociedad, la población y la política que son necesarios para la existencia social digna, y los medios para conseguirla. Se relaciona con el bien común de la sociedad. Por siglos, la Iglesia ha apoyado en temas

de salud, educación, transporte, entre otros. La fe y la política se encuentran juntas en la vida de las personas. La fe incluye la política. Un cristiano, por el hecho de ser cristiano, debe trabajar por la justicia y el bienestar social.

EL BALANCE PERFECTO

A muchas personas (científicos, religiosos, etc.) Dios les ha dado luz en la toma de decisiones para solucionar los problemas prioritarios de la humanidad. Esto me reconfirma que la fe y la ciencia sí pueden caminar juntas a la par. «Lo importante es saber crear el balance en el cual mucha ciencia no nos aparte de Dios, y mucho "Dios" no nos aparte de la realidad». Ese punto de convergencia en el que puedan convivir la razón humana y esa razón celestial de que hay algo más grande que nosotros mismos que nos impulsa a trabajar por el bien común... Ese algo más es alguien, se llama «Jesús».

Así como Nicolás Copérnico descubrió que la Tierra gira en torno al Sol, así mismo he descubierto que mi vida gira en torno a Dios, que es mi centro.

«Por encima de todo está la gloria de Dios, que creó el gran universo, que el hombre y la ciencia van escudriñando e investigando día tras día en profunda adoración».
-Wernher von Braun (1912-1977).
Ingeniero aeroespacial.

«Lo declaro con orgullo: soy creyente. Creo en el poder de la oración, y creo, no solo como católico, sino también como científico».
-Guglielmo Marconi (1874-1937).
Inventor de la telegrafía sin hilos, Premio Nobel en 1909.

«Yo confieso la fe santa, apostólica, católica y romana. Doy gracias a Dios que me ha concedido esta fe, en la que tengo el firme propósito de vivir y de morir».
-Alessandro Volta (1745-1827).
Descubrió las nociones básicas de la electricidad.

NO LE DES TANTAS VUELTAS A LA FE. ÁBRETE A LO QUE JESÚS PUEDE HACER POR TI.

Si tienes alguna situación que quieres
mejorar y superar, haz una oración
con fe para que Jesús te acompañe
en el camino.

RECOMENDACIÓN MUSICAL:
Cara a cara Marcos Vidal
Todo es posible Miguel Quinones
Creeré Tercer Cielo
Hijos del cañaveral Residente

EVO-
LUCIÓN

LO QUE NO SE MUEVE... SE MUERE

Yuan Fuei Liao

> *Sal a caminar,*
> *no estés quieto, te vas a enfermar.*
> *Detenerse sin razón*
> *afecta la «circulación».*
> Roy Brown (canción «Sal a caminar»)

Una de las cosas que yo hacía para impresionar a mis amigos del colegio era doblar mi dedo del medio hacia atrás hasta tocar el dorso de la mano con la punta del dedo. Tenía mis dedos muy flexibles. Hoy, algunos lustros después, no me atrevo ni a intentarlo: la falta de práctica y de movimiento ha estancado la flexibilidad de mis dedos, están más «tiesos».

«Lo que no se mueve... se muere», sentencia un dicho popular. Significa: músculo que no se usa se atrofia, máquina en desuso se daña, mente que no se desarrolla se estanca, nación que no evoluciona repite los mismos errores. En todo, para desarrollarse, hace falta crecimiento gradual. Aquí la palabra clave es: evolucionar. Es una palabra tan abarcadora que nos invita a ponernos en marcha dinámica y a no quedarnos en anquilosamiento estático (redundancias intencionadas).

MAR MUERTO Y MAR DE GALILEA

Hace años escuché una homilía del fundador de mi Comunidad Siervos de Cristo Vivo, el P. Emiliano Tardif. Nos contaba que en Tierra Santa hay dos lagos que, aunque alimentados por el mismo río Jordán, poseen características asombrosamente distintas. Uno es el Mar de Galilea y el otro es el Mar Muerto. El primero es cristalino, lleno de vida, con peces abundantes, y sus orillas están adornadas con espléndidas flores que se extienden sobre verdes praderas. Por su parte, el Mar Muerto es una laguna densa, repleta de salitre, incapaz de albergar vida. Ahí se quedan estancadas las aguas que vienen del río.

¿Qué es lo que hace tan diferentes a los dos lagos alimentados por el mismo río? El Mar de Galilea deja que las aguas del río que llegan a él sigan corriendo; pero el Mar Muerto retiene las aguas que recibe, no permite que reanuden su circulación.

Las diferencias entre estos dos lagos son un signo de que, para que fluya la vida, hace falta movimiento: continuar avanzando, evolucionar. Si nos quedamos estáticos como el Mar Muerto, entonces habremos muerto.

Un médico me explicaba que su tarea profesional le exigía ponerse permanentemente al día, estudiando y evolucionando. «De lo contrario, estaría desfasado». Lo mismo me dijo un publicista. Los boxeadores lo saben: para no quedarse tirados en el cuadrilátero, noqueados, tienen que mantenerse en «movimiento».

Es cierto que, en medio de tanta marcha, hace falta detenernos. Pero precisamente esas pausas son para facilitar que la mente y el espíritu se mantengan en movimiento, cambiando para bien, avanzando, evolucionando.

AL ANDAR SE HACE CAMINO

Lo escribió el poeta Antonio Machado: *«Caminante, no hay camino, se hace camino al andar»*. Es una oda al movimiento, a seguir, a evolucionar. Caminando (evolucionando) es como se descubre cambios innovadores en el «paisaje».

Eduardo Galeano, por su parte, cuenta lo que oyó alguna vez del cineasta Fernando Birri. Aunque se trata del tema de la utopía, también refiere sobre la necesidad de caminar y avanzar:

«Ella está en el horizonte —dice Fernando Birri—. Me acerco dos pasos, ella se aleja dos pasos. Camino diez pasos y el horizonte se corre diez pasos más allá. Por mucho que yo camine, nunca la alcanzaré. ¿Para qué sirve la utopía? Para eso sirve: para caminar».

¡HASTA «DIOS» EVOLUCIONA!

Las personas evolucionan. Las ideas evolucionan. Los idiomas evolucionan. La tecnología evoluciona… Y Dios, ¿evoluciona? No nos preocupemos: Dios es inmutable, el mismo de siempre. Sin embargo, nuestras percepciones sobre él tienen que ir evolucionando. San Pablo declara en 1 Corintios 13, 11: *«Cuando yo era niño, hablaba como niño, pensaba y razonaba como niño. Pero cuando me hice hombre, dejé de lado las cosas de niño»*. Quiere decir que hasta la imagen mental que cada uno tiene de Dios ha de evolucionar.

Una vez escribí en Twitter una provocación: *«No creo en el dios que yo creía el año pasado, creo en otro»*. Algunos se preocuparon, pensando que ya estaba renegando de mi fe. Nada de eso. Lo que quise decir era que mi imagen de Dios había evolucionado, he ido gradualmente sanando mi imagen de Dios con una fe cada vez más adulta. Bíblicamente, la conversión es un proceso, un movimiento, una evolución: cambio progresivo o transformación de la mente.

Bíblicamente, la conversión es un proceso, un movimiento, una evolución: cambio progresivo o transformación de la mente.

CUANDO NO BASTA LA EVOLUCIÓN DEL INDIVIDUO

En los últimos meses, en la República Dominicana han surgido unos movimientos de manifestaciones mayormente juveniles, indignados con el desempeño de las figuras políticas tradicionales. Ello puede ser una muestra de que la mentalidad de la nación va evolucionando. Esa población juvenil ya no quiere permanecer estática e indiferente. Ha levantado su voz de alarma para emprender acciones, porque se ha dado cuenta de que la falta de previsión y el haberse quedado políticamente sin evolucionar han sido grandes causantes de la problemática actual.

La suma de las evoluciones individuales da como resultado una evolución de la mentalidad colectiva, capaz de lograr cambios significativos en lo social.

NATURALEZA EN VÍA DE DESARROLLO

La evolución es tan importante que hasta la misma naturaleza la asume como su vía para desarrollarse. Aquí los creyentes fundamentalistas me acusarán de hereje; pero los teólogos insisten en que no hay contradicción entre la Biblia y la teoría de la evolución de las especies. El Génesis no es un libro científico. Solo quiere mostrar, en una narración poética, que Dios creó el universo en orden y que lo hizo todo bien. ¿De qué manera fue su creación? Ese es otro asunto, fuera de la competencia del relato bíblico, que no contiene verdades científicas ni antropológicas sino planteamientos religiosos.

Entre Eva y la evolución nos quedamos con las dos. Digamos que puede que Darwin tenga razón, pero la Biblia tiene corazón. El texto bíblico de la creación no es más que una manera metafórica de explicar con poesía el origen divino del género humano. Y el ser humano ha sido invitado por el Creador a desarrollarse, y el modo de hacerlo es... evolucionando, «crecer hasta la estatura de Cristo».

«¡HE CAMBIADO!»

Para terminar, una anécdota atribuida a la vida del P. Anthony De Mello nos deja con su sonrisa pícara al notar la evolución de su pensamiento:

Una religiosa fue a consultar al padre sobre una inquietud. Luego de escucharla, Anthony De Mello le dio una respuesta. Ella, sorprendida, le dijo que hacía un tiempo le había planteado la misma inquietud y que en esa ocasión la respuesta del padre fue exactamente opuesta a la respuesta actual. El jesuita De Mello, también sorprendido, no pudo contener la risa, y simplemente confesó con aire travieso: «¡Oh! ¡He cambiado!».

SOLUCIONES SIN FECHA DE VENCIMIENTO

Manny Rosado

Hablemos de «evo-solución». La palabra EVO se refiere a la duración de tiempo sin término, entendiendo que en este proceso se dan cambios o transformaciones graduales. Estamos llamados a evolucionar y crecer en lo que nos gusta, identificar nuestras fortalezas y debilidades para así evolucionar a algo mejor.

LOS DATOS NO MIENTEN

Para poder tener una **evo-solución** (soluciones sin fecha de vencimiento) necesitamos de ti. ¿Cómo? Primero miremos juntos los siguientes datos sobre República Dominicana:

• Tenemos uno de los índices más altos de embarazos en adolescentes en América Latina y el Caribe con un 18 % de embarazos entre 12 y 18 años de edad. (Agencia EFE 2012).
• Un 36 % de estudiantes no completa su educación básica. (Informe Desarrollo Humano PNUD 2008).
• Los jóvenes entre 15 y 24 años de edad representan el 38 % de la población total desempleada. (Ministerio de Trabajo R.D).
• Más de un 30 % de la población juvenil está viviendo en la pobreza, sin acceso a educación, salud y oportunidades de inserción laboral. (EDC-2010).

¡NUESTRO PAÍS NOS NECESITA!

Tenemos una realidad que quiere evolucionar. Nuestra juventud está tomando conciencia, pero aún necesitamos más. ¿Qué hacer?

• Podemos alfabetizar: la tasa de analfabetismo en República Dominicana ha sido 5 % más que el resto América Latina (Periódico El País octubre 2012).
• Ser ejemplo de civismo en las calles: respetar las señales de tránsito.
• Visitar y ayudar en los centros penitenciarios.

• Acompañar a través de proyectos educativos a las comunidades más empobrecidas.
• Sensibilizar a la sociedad respecto a temas de inclusión social, respeto y lucha contra la discriminación.
• Ser agentes de paz, respetando a los demás.
• Mejorar las relaciones familiares.
• Ser responsables en nuestros trabajos.
• Crear políticas públicas orientadas al bien común.

¿Qué más?

Puedes comenzar a trabajar desde tu «realidad». Lo mejor de evolucionar es poder mirar atrás, valorar qué tanto hemos recorrido y qué tan lejos hemos llegado. La idea es no perder tiempo para no perder vida.

«Los pueblos latinoamericanos y caribeños tienen derecho a una vida plena, propia de los hijos de Dios, con unas condiciones más humanas: libres de las amenazas del hambre y de toda forma de violencia» (Papa Benedicto XVI).

Te motivo a utilizar el miedo como herramienta en la búsqueda insaciable de la verdad para lograr trascender.

¿Has evolucionado lo suficiente como persona, profesional, estudiante, socialmente o como cristiano? ¿Perder el miedo a evolucionar es necesario? Cuando el temor se convierte en miedo, limita y paraliza. Tener miedo es del prudente, y el poder vencerlo es del valiente. Te motivo a utilizar el miedo como herramienta en la búsqueda insaciable de la verdad para lograr trascender.

ES CUESTIÓN DE A-C-T-I-T-U-D

Soy músico y cantante de un proyecto musical llamado Manny Rosado. Llegar a evolucionar en ese aspecto de mi vida me ha costado mucho. Recuerdo tiempos atrás, cuando tenía que animar grupos de adolescentes con mi guitarra desafinada y sabiendo tocar solo dos acordes (do y re). Todavía ni sé cómo salía airoso, pero sin duda alguna, vencí el miedo de evolucionar musicalmente. Ese proceso costó tiempo, esfuerzo, estudios, pero sobre todo A-C-T-I-T-U-D.

EVOLUCIONAR ES REVOLUCIONAR

¡Evolucionar es revolucionar! Jesús fue un revolucionario en su época. Rompió con antiguos paradigmas sociales. A través de su constante accionar, pudo marcar la historia, que hoy recordamos como: «la salvación del mundo». Soy de los que piensan que el hombre más fuerte es aquel que de rodillas ora y luego se pone de pie, buscando poner en práctica lo antes conversado con Dios. Si quieres que Dios guíe tu vida y te lleve a una EVO-SOLUCIÓN, comienza trazando el camino.

AYUDA A UNA PERSONA EN SU PROCESO DE ALFABETIZACIÓN O REINSERCIÓN ESCOLAR.

RECOMENDACIÓN MUSICAL:
Latinoamérica Calle 13
No dudaría Rosario Flores
Mi confianza en Él Ambiorix Padilla
Soy un guerrero Militante Bierd

MUJER
DE LUZ
♀

SU MANO ES MÁS GRANDE Y CABEN MÁS DULCES

Yuan Fuei Liao

Una madre salió a pasear con su pequeño hijo de tres años. Entraron en una dulcería, en donde había caramelos, bombones, chicles, canquiñas, dulces de leche, palitos de coco, dulces de maní, turrones, paletas, gomitas, gofios, mentas, chocolates y pilones. Ella le ofreció: «Toma el dulce que quieras y te lo compraré». El niño escogió un caramelo. La mamá insistió, sonriéndole con cariño: «Mi cielo, no solo el caramelo, sino todo lo que abarques con tu manita será tuyo». Entonces el nene (que era taiwanés como yo y tenía los ojos pequeños) abrió tanto sus ojos que parecían platos y reaccionó: «No, mami, mejor mete tú la mano por mí». Claro: la mano de ella es más grande y caben más dulces.

Así es mi oración a María, la madre de Jesús y madre nuestra: «Mamá, mete tú la mano por mí: tu mano es más grande que la mía». Su mano abarca más. De hecho, abarca maternalmente a todos sus hijos, tan entrañables para ella.

Hace poco vi a un bebé durmiendo apaciblemente en los brazos de su madre. Ella me explicaba que era capaz de distinguir entre un llanto de sueño y otro de hambre o uno de dolor o de miedo. Le pregunté cómo aprendió esa distinción. Su respuesta no pudo ser más escueta: «Es que yo soy su mamá». Por eso, cuando estoy cansado de cargas, le confío a María: «Mamá, que yo descanse en tus brazos amorosos: tú me comprendes».

La madre, al tener más altura que el niño, posee una mayor visión que le permite ver más lejos. Hace unos años, en Nueva York habían ganado los Yankees en el estadio de béisbol. La ciudad se alborotó y yo salí a ver el desfile de los jugadores; pero era tanta la multitud, que me tapaba la visión. Yo pensé: «Los niños que están acá no pueden ver nada». Sin embargo, me equivoqué: los niños que vi eran quienes tenían mejor vista, porque eran cargados sobre los hombros de sus madres. Por eso, cuando en mi vida espiritual no estoy «viendo» con claridad, llamo a María: «Mamá, mira tú por mí: eres más alta que yo y ves más lejos».

Una madre tiene brazos más largos que su hijito. Cuando este desea tomar algo que está demasiado alto, le pide a ella que lo alcance por él (o que le cargue en sus brazos para el niño tomarlo). Por eso, en mi plegaria le ruego: «Mamá, alcánzame esto del Señor, tus brazos son más largos y alcanzan más, alcanzan la más "alta gracia", que es el fruto bendito de tu vientre: Jesús».

¿Has visto a una madre cuando anda con el hijito que está estrenando (y entrenando) sus piernas para caminar? La madre tiene piernas más extensas que su niñito. Cuando ella da un paso, él tiene que dar tres o más. Por eso, cuando me canso de estar «en el Camino», le suplico: «Mamá, cárgame y camina tú por mí: tienes mejores pasos».

MUJER

Desde la cruz, «*Jesús, al ver a la Madre y junto a ella a su discípulo más querido, dijo a la Madre: "Mujer, ahí tienes a tu hijo". Después dijo al discípulo: "Ahí tienes a tu madre"*» (Juan 19, 26-27). Notemos que primero Jesús se dirigió a la madre, no al discípulo amado Juan. He oído predicaciones en donde se afirma que Jesús, preocupado de que María iba a quedarse sola, estaba encargando a Juan cuidar a María; pero hoy entiendo las palabras de san Pablo: «*Los fuertes en la fe debemos cargar las debilidades de los que no tienen esta fuerza*» (Romanos 15, 1). Los más fuertes cuidan a los más débiles. Me pregunto: ¿quién era más fuerte, María o Juan? Por supuesto que la madre. Quiere decir que, en el momento de la cruz, Jesús estaba pendiente de la debilidad de sus discípulos, y confiaba a su madre confortarlos y cuidarlos. No es Juan cuidando a María; más bien es la hija predilecta del Padre cuidando al discípulo amado (que somos tú y yo).

MAMÁ

La Mamá cuida a su hijo, le pido protección. La Mamá tiene mayor voz, le pido que me ayude a orar. La Mamá es más fuerte que el niño, le pido que me socorra en mi debilidad. Así de sencilla es la relación Mamá-hijo: relación de confianza en su amor de mujer, de madre. Es un amor que se responde con amor.

Jesús declaraba que tenemos que ser como niños para entrar en el Reino de los Cielos, lugar de manos abiertas y solidarias, de amor y dulzura. Y cuando un niño entra a una dulcería, usualmente lo hace con su mamá. Su mano es más grande y caben más dulces.

LETANÍAS A LA BELLA A LO BESTIA

¿La Virgen de la Merced
o la Guadalupe?
¿La Reina de la Paz
o Rosa Mística?
¿Nuestra Señora del Sagrado Corazón
o Perpetuo Socorro?
¿Auxilio de los Cristianos
o Estrella de la Mañana?

Todas son una sola:
María de Nazaret,
la sencilla,
la pequeña,
la simple aldeana
que de su ropero entresaca
el vestido para cada alma.

La Virgen con su amplio vestuario,
y yo con mi vasto bestiario.
Ella, la dama;
yo, el vagabundo.
Ella, la bella;
yo, la bestia...
redimido por el fruto de sus entrañas;
sin más lejanías extrañas,
vuelvo a entonar sus letanías:

Nuestra Señora de los Tenis Rotos,
Virgen del Jeans,
Reina de Belleza,
Reina del Pop,
Reina de Corazones,
Reina de Diamantes,
Reina de Picas,
Reina de Tréboles,
Reina del Tablero,
Estrella de Cine,
Estrella de Grandes Ligas,
Jugadora Estrella,
Primera Dama,
Top Model,
Megadiva,
Miss Universo,
Mejor Actriz Principal,
Mujer Maravilla,
Supermamá,
Célula Madre,
Alma Mater,
Mater Magister,
Doctora Honoris Causa,
Salón de la Fama, VIP,
Auxiliadora de los no considerados VIP,
Socorro de los frenados por: «Nos reservamos el derecho de admisión»,
Medalla de Oro,
Medalla Olímpica,
Copa Mundial,
Premio Mayor,
Premio Nóbel del Sí,

¡ruega por nosotros!

TODOS SOMOS MALALA, GUERRERA DE LA PAZ

Manny Rosado

Siempre, desde el comienzo de los tiempos, han surgido mujeres que han tenido la visión de cambiar el mundo para bien, de crear e innovar. Tú que estás leyendo estas líneas, también puedes ser una de ellas. Y aquí te muestro un punto de partida: Malala Yousafzai, nacida en Pakistán.

A sus 14 años fue víctima de un atentado terrorista en un autobús escolar. Un integrante de un grupo terrorista vinculado a los talibanes le disparó repetidas veces, impactándole en el cráneo y el cuello; pero ella sobrevivió. Malala es conocida por ser una activista en favor al derecho que tienen las niñas de ir a la escuela, en su nación y en el mundo.

LEVANTANDO LA VOZ

Malala Yousafzai participó en la campaña por la liberación de unas jóvenes nigerianas, secuestradas, mientras estudiaban, por un grupo islamista que rechaza la educación de la mujer. Con tan solo 17 años de edad, ganó el Premio Nobel de la Paz en el 2014, convirtiéndose así en la persona más joven en ganar un Nobel. Es defensora del derecho universal de las niñas a la educación y es catalogada entre las cien personas más influyentes del mundo.

INCOMODAR PARA LOGRAR

A veces en la vida hay que incomodar para poder lograr cosas extraordinarias. Malala creía en sí misma y en la causa que perseguía. Esto creó malestar en los talibanes radicales y casi le costó la vida. No obstante, ha dado su vida por la causa. Malala es la voz de aquellos que no tienen voz, sin importar sexo, raza ni edad.

DESIGUALDAD NO ES IGUALDAD

¿Y en nuestro país? ¿Qué está sucediendo con las mujeres? Vivimos en una sociedad tildada de machista, en donde las mujeres tienen un gran reto. Lo podemos visualizar en el ámbito laboral: el salario de las mujeres es 24 % menor al que ganan los hombres en igual puesto de trabajo. La desigualdad laboral alcanza el 21 % en la República Dominicana (periódico Listín Diario y FUNGLODE).

Sin embargo, muchas mujeres dominicanas han logrado ser la voz cantante en el desarrollo de nuestro país en el plano empresarial, político y social. Y esto no es de ahora: mujeres como las hermanas Mirabal, Juana Saltitopa, Salomé Ureña, Concepción Bona, Mamá Tingó, entre otras, lograron desde sus espacios y en su época, crear una mejor nación. Han influenciado a la mujer de la actualidad.

La mujer dominicana es audaz, sensible ante el dolor ajeno, empática, valiente, líder, solidaria, tenaz, resiliente, luz. Te motivo a que sigas llenando esta lista, la cual sé que se convertirá en infinita. Puede que seas de otra nacionalidad, estoy seguro de que también eres increíble. La cuestión está en que debes de creértelo. Yo te lo recuerdo: tú lo reconfirmas.

Todos tenemos un poco de Malala en nuestro corazón. Tenemos ese interés de crear un mundo mejor. Solo nos falta levantar aún más la voz para crear conciencia de que juntos podemos lograr más, dándoles mayor participación a las mujeres en las políticas públicas y en los escenarios de toma de decisión nacional.

«Yo levanto mi voz, no para gritar, sino para que los que no tienen voz, puedan ser escuchados» (Malala Yousafzai).

LA PROTAGONISTA

En la actualidad hay un sinnúmero de mujeres que están marcando la diferencia con sus aportes positivos a nuestro país. Están rompiendo con antiguos paradigmas, lo cual es admirable. Y la mayor protagonista que he identificado en este escrito, la más importante y a la que le esperan grandes retos y victorias, eres TÚ.

ACÉRCATE A UNA MUJER.

Apóyala. Y algo aún más importante: Asume su lucha.

RECOMENDACIÓN MUSICAL:
Soy una mujer Evelyn Vásquez
Ella Bebe
Heal the world Michael Jackson

0.00
0.00
0.00
DATA
0.00
0.00

¿JESÚS NO SABE DE MATEMÁTICAS?

Yuan Fuei Liao

Me han pedido que dedique un artículo al tema de la ignorancia y a los números como datos estadísticos. Se dice que los datos estadísticos son fríos, pero prefiero virar la tortilla y escribir desde mi corazón ardiente de predicador, escribir desenfadadamente, con chispa de humor. Es curioso: precisamente algunos dicen que Jesús no sabe de matemáticas; alegan que él ignora hasta las operaciones más sencillas con números.

Por ejemplo: En una ocasión (cf. Marcos 6, 34-44), había unos 5,000 hombres (sin contar mujeres y niños) y Jesús sintió compasión por todos, porque «andaban como ovejas sin pastor». Entonces pidió a los discípulos que dieran de comer a toda esa multitud. Los discípulos, conocedores de matemáticas elementales, hicieron su cálculo sin complicaciones: para darle un pan a cada uno de los 5,000 hombres, hacían falta 5,000 panes. Pero Jesús no tenía esa «lógica». Él sacó su propio cálculo: para dar de comer a 5,000 hombres y también a las mujeres y a los niños, bastaban solo 5 panes. Los evangelistas relatan que con 5 panes y 2 peces comió la muchedumbre y hasta sobraron 12 canastas llenas de panes y pescados.

DE TAL PALO, TAL ASTILLA

Parece que es verdad: Jesús no sabe de matemáticas. Hay pistas que sugieren que esa «ignorancia» de Jesús es heredada: Dios Padre ha dado indicios de que tampoco ha sido un experto en números. Por ejemplo: ¿Cuánto tiempo hacía falta para que los hebreos llegaran hasta Canaán, partiendo de Egipto? Un puñado de semanas. Pero Dios hizo su cálculo y quedó en ¡40 años! Ese fue el tiempo que pasaron los hebreos dando vueltas en el desierto hasta entrar a Canaán.

LAS CALIFICACIONES DEL NIÑO JESÚS

Algunas «malas lenguas» (sonrío cuando escribo esto) se atreven a insinuar que la primera vez que el niño Jesús llevó a su casa la libreta con las calificaciones de la escuela fue todo un acontecimiento: ¡había sacado mala nota en todas las materias de su curso! Cuando mamá María abrió esa libreta, encontró quejas de todos los profesores.

-El profesor de Lenguaje decía que el niño Jesús no sabía expresarse bien: solo hablaba con parábolas enredadas, que luego había que pedirle explicación.
-El profesor de Química se quejaba de que el niño Jesús no seguía las instrucciones en el laboratorio: se pasaba todo el tiempo cambiando el agua en vino, el vino en agua, el agua en vino...
-La profesora de Geografía se lamentaba de lo despistado que era Jesús con las direcciones: él insistía que había solo un camino.
-En la clase de Biología, el niño Jesús estaba convencido de que el León de Judá y el Cordero de Dios eran el mismo. Además, aseguraba que el león comería hierba como el buey, al lado de la oveja (cf. Isaías 11, 6-8). Y aún se atrevía a decir que, si a alguien no le había ido bien en la vida, podía «nacer de nuevo».
-El profesor de Deporte también expresó su queja: en atletismo, el niño Jesús sugería que había que darles medallas a los que llegaban de último porque «los últimos eran los primeros».
-La profesora de Arte tenía que corregir al niño Jesús, porque cuando ella pedía a cada alumno que dibujara a su papá, Jesús se dibujaba a sí mismo, y luego expresaba con convicción: «Quien me ve, ve a mi Padre».
-El profesor de Física regañaba al niño Jesús, porque en la clase sobre la ley de gravedad, Jesús se metía en la piscina a caminar sobre las aguas, desafiando la gravedad.

Pero las quejas mayores provenían de la profesora de Matemáticas: el niño Jesús no sabía contar. Decía que su Padre y él eran 1. Un día, la profesora planteó una simple operación matemática: «Si tengo 100 ovejas y se me pierde una, ¿cuántas ovejas me quedan?». Todos los demás niños escribieron su respuesta: $100 - 1 = 99$. Pero el niño Jesús tenía una respuesta diferente: $100 - 1 =$ me falta una. El niño Jesús no sabía aritmética: solo sabía contar hasta 1.

Aquellas «malas lenguas» creen que ese día fue cuando mamá María pensó que, si las cosas seguirían así, llegarían a ponerle a Jesús una X o una cruz en las vacaciones de Semana Santa.

CONTAR Y CONTAR... CONTIGO

Lo anterior fue una ficción que pudo hacernos sonreír. Pero yo, que no soy teólogo para cavilar con profundidad, creo que Jesús «realmente» no sabe de matemáticas: solo sabe contar hasta 1. Y yo afirmo que ese uno eres tú. Si algún día te perdieras como oveja traviesa, para Jesús sería más importante encontrarte a ti que quedarse a mantener las otras 99 ovejas (cf. Lucas 15, 4-7). Para él, $100 - 1 =$ me falta 1. Es que, insisto, Jesús solo sabe contar hasta 1, y ese uno eres tú. Ahí se nota lo importante que eres para él: te prioriza. «Por ti entrego muchedumbres...», decía Dios en el Antiguo Testamento (cf. Isaías 43, 4).

Jesús pasa como ignorante porque su sabiduría, su saber, no sigue los estándares del «mundo». Él sabe que eres de gran valor, sabe todo lo que vales. Conoce el potencial que hay en ti, que tienes madera para llegar lejos.

Por eso, Jesús cuenta hasta 1. Cuenta contigo. Cuenta por ti. Y tú cuentas para él: te toma en cuenta.

COMO TÚ NO HAY 2

Hubo una campaña de la Junta Central Electoral invitando a la ciudadanía a adquirir la nueva cédula de identidad. Su slogan rezaba: «Como tú no hay 2». Y yo agrego: «Como tu mirada no hay 2», «como tu sonrisa no hay 2», «como tu color no hay 2», «como tu sueño no hay 2», «como tu pensar no hay 2», «como tu sentir no hay 2», «como tu cabellera no hay 2», etc. No hay 2, sino 1. Eres únic@.

En este mundo saturado de estadísticas, de números y datos, no eres un número más para Jesús. No eres un dato despersonificado. Eres únic@. Eres 1. Y todo parece indicar que Jesús solo sabe contar hasta 1. El jesuita Benjamín González Buelta, sacerdote y poeta, ha titulado a uno de los salmos escritos por él: «Único». Con esta oración a Dios, cierro este artículo. Dice así:

ÚNICO

Cuando me llamas
por mi nombre,
ninguna otra criatura
vuelve hacia ti su rostro
en todo el universo.

Cuando te llamo
por tu nombre,
no confundes mi acento
con ninguna otra criatura
en todo el universo.

LA SEGURIDAD CIUDADANA Y LOS ADOLESCENTES

Manny Rosado

Siendo yo adolescente, atraparon a un ladrón cerca de mi casa. La comunidad tomó la justicia en sus manos. Golpeándole. Escupiéndole. Pegándole hasta más no poder. Luego, cuando llegó la policía, el comandante encargado se quedó indignado, no por los golpes que le propinaron al ladrón, sino porque no lo «mataron». Recuerdo sus palabras textuales: «Para una próxima ocasión, ustedes lo matan y le ponen un televisor al lado para tener evidencia de que era un ladrón». Lo peor del caso es que el ladrón era un adolescente. Esas palabras hasta el día de hoy me resuenan. ¿Cuándo fue que llegamos a esos niveles de deshumanización? ¿Cómo, en pleno siglo XXI, todavía hay personas que tienen la capacidad de matar sin preguntar? Varios estudios regionales sobre los índices de criminalidad sitúan a República Dominicana como uno de los países más violentos y con mayor tasa de homicidios.

Estamos entre las naciones con percepciones más bajas en seguridad ciudadana. Comparado con los 47 países con desarrollo humano medio, República Dominicana estuvo en los primeros lugares con más casos de homicidio, con 25 muertes por cada 100 mil habitantes, según un estudio.

¿POR QUÉ DELINQUEN LOS ADOLESCENTES?

En el informe de investigación sobre la Autopercepción de Factores Causales de la Delincuencia en Adolescentes en Conflicto con la Ley

Penal en la República Dominicana, presentado por la Universidad Iberoamericana (UNIBE) en el 2014, se presentan los resultados de la investigación realizada en los nueve centros de adolescentes en conflicto con la ley del país. Se expone que las motivaciones principales al delito fueron la impulsividad, la regulación afectiva, así como la disponibilidad de oportunidades para delinquir acompañadas por faltas de consecuencias ante conductas delictivas cometidas. En general, los resultados muestran que los adolescentes tienen muchos factores de riesgo y pocos factores de protección. También reciben motivaciones a la conducta delictiva por causa de problemas con la regulación de emociones y contingencias de reforzamiento conductual.

Trabajar en el acompañamiento cognoscitivo, social y espiritual con los adolescentes en conflicto con ley penal, junto a la fundación «Corazones a tiempo» que dirijo, me ha hecho descubrir, entender, comprender y llegar a la conclusión de que «no hay personas malas, hay personas mal orientadas». Son personas que no han tenido la oportunidad de ser orientadas en valores y que provienen de realidades de discriminación, maltrato, exclusión social y falta de amor, comenzando por la familia.

Por eso es tan importante ver más allá de los prejuicios y percepciones, y tratar de profundizar un poco más. Todo tiene un trasfondo. Si ya conocemos que la situación se focaliza bastante en la carencia de afectividad y factores de protección, ¿qué nos limita a trabajar con estos niños, niñas, adolescentes y jóvenes desde la base del hogar, con un abordaje en amor y la educación para evitar que lleguen a la delincuencia? «La salida más fácil siempre será criticar más que accionar».

ESTOS ADOLESCENTES TIENEN GANAS DE CAMBIAR

Recuerdo a JC (un adolescente de 16 años en conflicto con la ley), a quien estuve acompañando en un proceso arduo de toda una semana, dentro de un campamento de habilidades de aprendizaje y para la vida. Me relató un gran nudo que tenía en su mente, un pensamiento negativo y destructivo que había cargado por mucho tiempo. Su novia, de quince años de edad, había abortado a su único hijo. JC externó que, desde entonces, había sentido una gran necesidad de acabar con la vida de ella. Le costaba perdonarla. Todavía no había podido. Él, en el proceso, fue reflexionando sobre sus actitudes.

El último día de la experiencia, pedimos a los chicos expresar su sentir en todo lo que fue el campamento. Mi equipo de trabajo y yo estábamos sentados al frente de una audiencia presidida por los directores de los diferentes centros penitenciarios y los cientos de adolescentes en conflico con la ley. JC se sintió motivado a compartir su experiencia. Se sentó al lado de mí. Expresó, delante de todos, sobre sus ganas de cambiar y su disposición de hacer todo lo necesario para lograrlo. Pero, de un momento a otro, sucedió algo imprevisto. Su discurso cambió de manera repentina: «Lo primero que haré al salir del centro es buscar una pistola y todos aquellos que me han traicionado, se las verán conmigo».

YO CONFÍO EN TÍ

En vez de enjuiciarlo, criticar su comentario y decirle que eso no era lo correcto, lo miré a los ojos. Le dije: «Yo confío en ti. Todos los que estamos aquí confiamos en ti. Estoy seguro de que, cuando llegue la hora de halar el gatillo de la pistola, te acordarás de mí y de todos los que hemos trabajado para tu bienestar, y sabrás tomar la mejor decisión». En ese momento, JC bajó la cabeza lentamente. Luego la alzó con ojos llenos de lágrimas y dijo: «Manny, muchas gracias. Es que nadie en mi vida me había dicho que confiaba en mí». Fue un momento de volver a reflexionar y de cambiar actitudes que pensábamos que ya habían sido superadas. De eso se trata. El trabajo nunca acaba. Hay que dar seguimiento y amar siempre más.

> Nunca es demasiado tarde para dar el amor que nunca se ha dado.

ABRAZAR CON URGENCIA

La madre de JC casualmente estaba en la actividad. Ella corrió, llorando y desesperada, hacia donde él. Lo abrazó. Lo levantó. Le dio un gran beso y le dijo con voz entrecortada: «Hijo mío, yo también confío en ti. Por eso estoy aquí. Soy tu madre. Te amo. Confía en mí». Necesitamos más padres y madres que corran con urgencia hacia donde sus hijos con ansias de amar, perdonar, acompañar y dar abrazos de confianza. Muchos de estos adolescentes carecen de esa oportunidad. A esa madre le tomó mucho tiempo dar ese tipo de afecto. A ese hijo le faltó ese tipo de afecto. Pero, como siempre digo, nunca es demasiado tarde para dar el amor que nunca se ha dado.

¿Y AHORA QUÉ?

La situación está en que, si nosotros como sociedad civil no nos informamos, y seguimos estigmatizándolos, criticándolos, excluyéndolos, en vez de entenderlos y acompañarlos, es muy probable que el adolescente vuelva a infringir la ley.

En vez de llegar a una situación de discriminación, violencia o exclusión, mi madre siempre me ha dicho que «es importante escuchar las dos campanas de lo sucedido». Y yo agrego que, escuchando ambas campanas, tú podrás elegir, con más certeza, la que suena mejor. ¿Estás escuchando la campana de estos adolescentes, que tras barrotes ansían una nueva oportunidad? ¿O te estás quedando con lo que escuchas en las noticias? Tú decides informarte desde la fuente directa, para así dirigirte con más seguridad y transparencia hacia el bien común.

VISITA UN CENTRO PENITENCIARIO DE ADOLESCENTES, UNA CASA DE ACOGIDA O UN REFORMATORIO.

Apoya a estos adolescentes.
Escúchalos, respétalos y oriéntalos.
Sobre todo, míralos con amor.

RECOMENDACIÓN MUSICAL:
Solo le pido a Dios León Gieco o Mercedes Sosa
Best friend Jason Mraz
Cien ovejas Marcos Witt
Nadie te ama como yo Martín Valverde

TIEMPO

NI PASADARSE NI FUTURARSE, SOLO PRESENTARSE

Yuan Fuei Liao

Es curioso: no existe el verbo «pasadarse», ni el verbo «futurarse». Solo podemos «presentarnos». Oogway, el maestro tortuga de Kung Fu Panda, nos recordó unas palabras sabias y antiguas: «El ayer es historia, el mañana es un misterio, pero el hoy es un regalo. Por eso se llama presente».

Gran parte de nuestro estrés se debe a dos factores: las heridas del pasado y las preocupaciones por el futuro. Pero resulta que ni el pasado ni el futuro existen. Es decir: ¡nos angustiamos por cosas que «no existen»! Y esa angustia es una distracción, fruto de una ilusión, que nos desenfoca de vivir y disfrutar el presente.

EFECTO CATARATA

Hay una ilusión óptica alucinante que me gusta compartir con mis amigos. Le llaman el efecto catarata. Se trata de fijar la mirada en el punto medio de unos círculos concéntricos que se van expandiendo por unos segundos. Luego se mira la propia mano. ¡Y se ve la mano moviéndose sola, tenebrosamente! Puedes ver el efecto buscando «ilusiones ópticas» en Youtube.

¿Cómo sucede esta percepción visual errónea? El cerebro, después de un tiempo mirando el movimiento de esos círculos, aun cuando haya cesado el movimiento, piensa que todo sigue moviéndose. Así nos pasa cuando vivimos (¿o morimos?) encharcados en las heridas del pasado: ya el pasado no existe, pero seguimos sufriendo y «viendo» el pasado tenebrosamente.

HOY SE ESCRIBE CON HACHE, MAÑANA NO

Por otro lado, tantas veces imaginamos el futuro (que aún no ha llegado, no existe) y nos llenamos de miedo. Alguien dijo que lo importante es «recordar el pasado con gratitud, vivir el presente con intensidad y esperar el futuro con confianza». Pero, en definitiva, lo importante es vivir el presente. A eso nos anima Jesús:

«Miren las aves del cielo: no siembran ni cosechan, no guardan alimentos en graneros, y sin embargo, el Padre del Cielo, el Padre de ustedes, las alimenta. ¿No valen ustedes mucho más que las aves? ¿Quién de ustedes, por más que se preocupe, puede añadir algo a su estatura? Y ¿por qué se preocupan tanto por la ropa? Miren los lirios del campo: no trabajan ni tejen. Pero yo les aseguro que ni Salomón, con todo su lujo, se pudo vestir como uno de ellos. Y si Dios viste así el pasto del campo, que hoy brota y mañana se echa al fuego, ¿no hará mucho más por ustedes? ¡Qué poca fe tienen! No anden tan preocupados ni digan: "¿Tendremos alimentos?" o "¿qué beberemos?" o "¿tendremos ropas para vestirnos?". Los que no conocen a Dios se afanan por esas cosas, pero el Padre del Cielo, Padre de ustedes, sabe que necesitan todo eso. Por lo tanto, busquen primero el reino de Dios y su justicia, y todo se les dará por añadidura. No se preocupen por el día de mañana, pues el mañana se preocupará por sí mismo. Basta a cada día su propio afán.» (Mateo 6, 26-34).

En torno al tema de tomar conciencia de vivir el presente, inventé los siguientes dos cuentos para divertirse y para pensar:

DESAPRENDIENDO CONJUGACIONES

Uno supone que el pasado no se hace presente. Pero aquella tarde de otoño, cascando todo tipo de convencionalismos, su pasado se presentó inopinadamente, con la excusa de perpetuar la memoria. Su presente, que siempre había huido del pasado, se internó en crisis: no había sido formado para convivir con lo pretérito. Su presente resolvió futurarse, estacionándose en el porvenir. Su futuro, percibiéndose amenazado por la injerencia de su presente, recogió sus maletas, pues hubiera sido catastrófico que el presente se quedara a la par del futuro, ya que era sabido que cuando el futuro se hacía presente, dejaba de ser futuro. Entonces, su futuro se pasadó, instalándose en lo ya ocurrido. De esta manera, su presente, aunque seguía siendo el futuro de su pasado, se quedó sin ningún futuro. Y todo porque el pasado se presentó.

LA FAMILIA PRISA

Don Trajino Prisa y doña Ajetrea de Prisa formaban una pareja acelerada. Siempre estaban ocupados haciendo un montón de tareas al mismo tiempo. Tenían un hijo pequeño, llamado Rápido. Le pusieron ese nombre tan raro al niño porque, siendo bebé, lo llevaron a bautizarse en la iglesia. Como siempre, ese día Trajino andaba con muchas prisas, y dijo a Ajetrea:

—Tráelo rápido.

Pero el cura entendió: «Trae a Rápido». Y con ese nombre lo bautizó con rapidez.

Cuando Rápido era más chiquitito, sus padres le decían:

—Ven, Rapidito.

Luego, al ir creciendo, le empezaron a llamar:

—Ven, Rápido.

Ya se imaginaban que, cuando fuera mayor, a su hijo le dirían con mucho respeto:

—Por favor, tómese su tiempo y venga, señor Rápido.

Rápido no entendía por qué sus papás siempre tenían prisa, y con los ajetreos y trajines siempre hacían mucho ruido de aquí para allá y de allí para acá. Una noche hasta soñó que a mamá Ajetrea y a papá Trajino les salían pies en sus ojos, pies en sus bocas, pies en sus manos y pies en cada pie: ¡parecía que cada parte de su cuerpo quería irse por su cuenta a hacer tantas cosas!

Un domingo oyó a su papá decir tres tengos:

—Tengo la mente en blanco porque tengo demasiadas cosas que hacer y no tengo tiempo.

Otro día oyó a su mamá decir con cara pálida:

—Las paredes de esta casa están en blanco porque con tanto quehacer no hemos tenido tiempo ni para decorarlas... ¡A-a-ah-aaatchússss! ¡Y no hemos tenido tiempo ni para quitar el polvo de la sala!

Por su cumpleaños, a Rápido le regalaron un trompo electrónico recubierto de madera. Daba vueltas y vueltas rápidamente con un ruido estruendoso. Rápido tomó un pincel y pintó la madera del trompo con los siete colores del arcoíris: rojo, naranja, amarillo, verde, azul, añil y violeta. Así el trompo se llenó de colorido. Pero esa vez, cuando giró el trompo, ¡desaparecieron los colores! ¡El trompo se veía blanco cuando daba vueltas!

El niño Rápido entendió que las prisas eran como «dar vueltas y vueltas»: hacían desaparecer los colores.

—¿Será por eso que papá decía que tenía la mente en blanco? ¿Será por eso que a la casa le faltan colores? ¿Será porque papá y mamá viven muy deprisa?

Rápidamente el niño llamó a sus padres y les mostró su descubrimiento:

—Papá, mamá, miren: este trompo es bonito con muchos colores cuando está sin girarse; pero cuando le damos vueltas deprisa, ¡se vuelve blanco!

Don Trajino y doña Ajetrea se miraron. Pusieron cara de pensativos.

—Mmm... Trajino, creo que tenemos que pararnos un momento —dijo Ajetrea.

—Sí, tenemos que disfrutar más con lo que somos y con lo que ya tenemos —afirmó Trajino.

—Hoy es un buen día para ir a visitar a nuestros nuevos vecinos —sugirió la mamá—. Se mudaron hace días, y porque vivimos tan deprisa, no hemos sacado tiempo para ir a conocerlos.

—Vi que es la familia Pausa la que se mudó enfrente de nosotros —comentó el papá—. ¡Vamos a saludarlos!

—Si tienen niños les llevaré el trompo —dijo el pequeño—. Y les mostraré qué ruido hace el arcoíris.

—¿Y qué ruido hace el arcoíris? —don Trajino preguntó con cara seria.

—Papá... el arcoíris... hace... silencio —gesticuló Rápido pausadamente—. ¡Shhh! Escúchalo.

¿CUÁNDO ES EL MEJOR MOMENTO PARA SER SOLIDARIO? 

Manny Rosado

«Tiempo es una palabra que comienza y se acaba, que corre despacio y que pasa de prisa», así dice Jarabe de Palo en su canción «Tiempo». Es una gran verdad. Aunque pensemos que estaremos en la tierra para siempre, todo puede cambiar en un segundo.

ESE SEGUNDO ES EL QUE QUIERO MOTIVARTE A DESCUBRIR

Con el tiempo, a través de los estudios, intentos fallidos, frustraciones y experiencias acumuladas, me he dado cuenta de que uno generalmente se condiciona a lo que considera más seguro. El tiempo pasa. Dejamos de disfrutar y hacer cosas que verdaderamente deseamos. Nos lamentamos. Nos frustramos. Postergamos.

Cuando descubres que hay algo más, al hacer cosas diferentes y de manera diferente, es cuando ese segundo de cambio comienza a trabajar en ti. En mi caso, y como decía en uno de los escritos anteriores, se traduce en encontrar eso que puedes hacer de gratis y que lo haces tan bien, que te terminan pagando por eso. Una paga más allá de lo monetario: paga de agradecimiento, del deber cumplido, de ir por más. **Donde mis desafíos + disfrutar de todo lo que hago = crecimiento.**

He aprendido a valorarme más y a ver los retos como oportunidades de aprendizaje y mejora. Siempre estoy preparándome para cuando lleguen. He comenzado a hacer lo que realmente me apasiona: la música, capacitar, dar coaching personal y musical, trabajar para y por la gente, abogando siempre por los derechos humanos. ¡Aprovechar el tiempo!

LA PAGA ESTÁ EN EL CIELO

Por muchos años, mi padre ha realizado talleres de resolución de conflictos y de inteligencia emocional, de manera voluntaria, para cientos de sacerdotes y religiosas. Una vez lo acompañé a Higüey para apoyarlo en uno de sus talleres (un trayecto de cuatro horas en automóvil). Mi padre brindó estrategias y técnicas importantísimas sobre cómo trabajar con personas. Él estudió, se capacitó e invirtió mucho dinero para poder llevar esas enseñanzas. Cuando terminó el taller, se acercó a él un sacerdote con un sobre que contenía dinero como pago de su labor. Mi padre rechazó ese dinero. Yo no lo podía creer. Pensaba en el dinero que habíamos gastado en combustible, el tiempo invertido, el esfuerzo de levantarnos a las 5:00 am para poder estar a tiempo... Lo pregunté: «Papi, pero... ¿por qué no aceptaste esa ofrenda?». A lo que mi padre respondió: «Manny, es que mi paga no está aquí en la Tierra, sino más bien en el CIELO».

A partir de ese momento comencé a entender el verdadero significado de ser solidario. ¡Dar sin esperar nada a cambio! ¡Dar de corazón para otros corazones! A partir de esa experiencia, cambió bastante el sentido del cómo y el porqué hago las cosas. Dios tocó a mi papá. Mi papá me impactó a través de Dios. Y esto se convierte en una hermosa cadena de bendiciones.

LAS TRES FUNDAS DE GALLETAS DULCES

Dentro de las experiencias que he acumulado en el tiempo, estuve trabajando con CT (15 años), adolescente en conflicto con la ley debido a que robó un arma de fuego. Él estaba en un Centro Integral de Adolescentes en Conflicto con la Ley Penal. Nos contó: «Lo primero que me pasó cuando entré al centro, fue que mi mamá me llevó tres fundas de galletas dulces. Uno de los internos me las robó todas. A mí no me dolió el hecho de que me robaran. Lo que más me dolió fue que el que me robó no sabe todo lo que mi madre tuvo que pasar para poder comprar y traerme esas galletas. Nosotros somos pobres. Mami muchas veces no tiene dinero para venir a visitarme».

Con frecuencia perdemos tiempo dando más valor a las cosas materiales, superficiales. Nublamos la intención que hay detrás del detalle. Este chico está claro de lo que realmente vale. Aun deseando comer de sus galletas dulces, prioriza el esfuerzo de su madre. CT continuó diciendo: «Gracias a ustedes, los campamentos y actividades que nos traen al centro, he aprendido que, cuando salga del centro, no quiero que nadie más vuelva a decir: "Miren a CT, el niño malo que roba", sino que quiero que todo el mundo diga: "Miren a CT, el niño bueno que ha cambiado y está estudiando"».

CT verdaderamente se encontró con un gran aprendizaje. Ese segundo de cambio en la cual, con un mismo hecho de robo (él robando una pistola, sus compañeros robándole a él), él ha aprendido a verlo como una oportunidad de cambio. Identificar que hay otras maneras de poder trascender en la vida...

He identificado que hay muchos más como CT, esperando a que acudamos a su llamado. Para eso, hay que perder el miedo a salir de nuestra zona de confort. Todo empieza desde dentro, desde nuestros pensamientos, ideas y sentimientos. Es ahí donde comenzarán a suceder las grandes cosas en tu vida.

EL MOMENTO ES AHORA

Hay una urgencia de solidaridad que debemos descubrir y acudir. ¿Sabes cuándo? **Ahora.** Me tomó tiempo discernir que este era mi tiempo de accionar. Pero ahora que lo sé, lo disfruto como nada en el mundo. Para cambiar debemos entender que el cambio no es solamente cambiar lo anterior, sino, más bien, **crear** lo nuevo. Crear una nueva solidaridad basada en la justicia, la paz, el amor y la fe... Es solo cuestión de pensar. Orar. Accionar. Crear el hábito con carácter. Así construirás tu **destino** de contribuir en un futuro más digno para ti y para los demás. Confirmo la palabra que dice: «*El que da recibe, y dando recibes el ciento por uno*».

RECOMENDACIÓN MUSICAL:
Todo tiene su hora Juan Luis Guerra
Tiempo Jarabe de Palo
A cada hora Ester Hernández

EXTRA

EL SUEÑO MÁS ACARICIADO DE JESÚS
Yuan Fuei Liao

Imagínate que te encuentras en una barca que se está hundiendo en medio de una tremenda tempestad (¿recuerdas al Titanic?). ¿Te dormirías en una situación así? ¿Es posible conciliar el sueño con tantos ruidos, tantos movimientos, tanta agua? Muy difícil, ¿verdad? Te invito a leer tres versiones del Evangelio que nos narran qué sucedió un día en la vida de un soñador:

«Subió (Jesús) a la barca y sus discípulos le siguieron. De pronto se levantó en el mar una tempestad tan grande que la barca quedaba tapada por las olas; pero él estaba dormido» (Mateo 8, 23-24).

«Despiden a la gente y le llevan en la barca, como estaba; e iban otras barcas con él. En esto, se levantó una fuerte borrasca y las olas irrumpían en la barca, de suerte que ya se anegaba la barca. Él estaba en popa durmiendo sobre un cabezal» (Marcos 4, 36-38).

«Mientras ellos navegaban, se durmió. Se abatió sobre el lago una borrasca; se inundaba la barca y estaban en peligro» (Lucas 8, 23).

Se desató una tormenta tenaz. Había ruidos por todas partes: los truenos que acompañaban a los rayos, el viento recio, la voz del marinero Pedro vociferando órdenes, los gritos desesperados de los otros. ¿Dormirse con tantos ruidos? Yo no podría.

La barca era zarandeada por la furia del temporal. Había una permanente agitación de un lado para otro. Dentro, los discípulos se cruzaban constantemente. La barca parecía un pedazo de cartón que se mecía fuertemente al antojo del oleaje. ¿Dormirse con todos esos movimientos? Yo no podría.

Las olas se lanzaban contra la barca que se iba anegando (las tormentas gustan de asociarse con abundantes lluvias). El agua cubría la barca, amenazando un colapso. ¿Dormirse cuando se está siendo mojado por todas partes? Yo no podría.

Sin embargo, el Evangelio afirma que ¡Jesús dormía! ¿Cómo es posible? La tempestad tambaleaba la barca, pero no el sueño de Jesús. Ni los destellos de los relámpagos lo inmutaron.

JESÚS SOÑADOR

Pienso en dos posibilidades:

La primera: Jesús no dormía, sino que se hacía el dormido. Pero lo cierto es que los evangelistas estuvieron de acuerdo en constar el testimonio de que Jesús estaba durmiendo. Los tres sinópticos concordaron en eso.

La segunda posibilidad: Jesús tenía un sueño muy espectacular, tan fuera de serie, que no se quería despertar. ¿Alguna vez has tenido un sueño así? Abriste los ojos y lamentaste: «¡Qué pena! ¡Solo estaba soñando!». O mientras dormías te percataste de que tan solo era un sueño, y te decías: «Todavía no me quiero despertar». ¿Te ha pasado algo parecido? Creo que esto fue lo que sucedió: Jesús tenía un sueño tan acariciado, que no quería despertarse.

DISTINTAS VERSIONES PARA UN POSIBLE SUEÑO

Durante una convivencia les pregunté a algunos jóvenes: ¿Cuál podría ser ese sueño tan hermoso, tan bello, tan precioso que entretenía tanto a Jesús que no quería despertarse? Obtuve muchas respuestas. Algunas eran sencillas, como: «Jesús soñaba con el Reino de Dios». Claro: el Reino de Dios es hermoso, bello y precioso.

Una chica me aseguró: «Jesús soñaba con el amor de su Padre». Por supuesto que Abba es más que hermoso, bello y precioso.

Respondió un muchacho: «Jesús estaba soñando con un mundo sin guerras, lleno de paz». Evidentemente un mundo así tiene que ser hermoso, bello y precioso.

Otro me voceó desde su asiento: «El sueño de Jesús: ver que todos eran salvos». Eso sí que sería algo hermoso, bello y precioso: la salvación del mundo entero.

Una joven contestó con ternura: «Jesús soñaba que estaba en brazos de Mamá María». Indudablemente, nuestra Madre es hermosísima, bellísima y preciosísima.

«La unidad de los cristianos». «El Señor soñaba con su resurrección»... De esa manera iban participando todos. Cada uno quería dar su opinión sobre cuál era aquel sueño de Jesús (por cierto, ¿cuál es tu versión?).

TÚ

De repente, Ester, sentada en una esquina, alzó su mano diciendo: «Yo». Le di la palabra: «Sí, dime, Ester». Ella insistió: «Yo». Volví a replicarle: «Sí, dime tú». Entonces ella aclaró: «Yo... soy el sueño de Jesús, él estaba soñando conmigo». Oh oh, no esperaba una respuesta así. Me pareció que el Señor nos estaba dando un mensaje. Comparto la versión de Ester: ¡somos el sueño de Jesús!

Ese día de la tormenta, creo que Jesús soñaba contigo. **Eres el más acariciado sueño de Jesús.** Y eres un sueño hermoso, bello y precioso para él. Tan especial eres tú, que ni la tormenta pudo despertar a Jesús. Él estaba soñando contigo.

Por eso, cuando te sientas agitado por alguna «tormenta» en tu vida, y el Señor aparenta estar dormido, podrás declarar: «Es que Jesús está soñando conmigo, porque me ama». Y esta afirmación traerá paz. Cuando «se inunda tu barca y estás en peligro», no temas, pues vives tan presente en Jesús, que estás metido hasta en su sueño. En esas «tempestades» que suelen presentarse, ten confianza. No olvides que «todo temporal es *temporal*», y «lo que está pasando *está pasando*». Y si Jesús sueña contigo es que él está muy pendiente de ti. Tiene cuidado para ti. Ora, ve a hablar con él. Eso fue lo que hicieron los discípulos: «*Acercándose ellos le despertaron diciendo: "¡Señor, sálvanos, que perecemos!"*» (Mateo 8, 25).

La historia tiene un final de película: *«Él, habiéndose despertado, increpó al viento y dijo al mar: "¡Calla, enmudece!". El viento se calmó y sobrevino una gran bonanza. Y les dijo: "¿Por qué están con tanto miedo? ¿Todavía no tienen fe?"»* (Marcos 4, 39-40). Algunos piensan que Jesús expresó esto último con cara enojada; más bien, imagino que lo hizo con mucha ternura, transmitiendo aliento y fortaleza.

COMPAÑERO DE TRIBULACIÓN: COMPAÑERO DE TRIPULACIÓN

Por más embestidas que haya, si te aferras a Cristo, él no permitirá que tu barca sucumba. Aunque el viento esté en contra, con Jesús a tu favor no hay peligro de naufragio. Él es mayor que el viento.

Además, hay otra razón para confiar: Jesús está en la misma barca que tú. En vez de «mi barca», puedes hablar de «nuestra barca». Si te hundes, él se hundirá. ¿Crees que Cristo permitirá que su barca naufrague? Nuestras tormentas interiores cesarán cuando seamos capaces de dejar que Jesús siga «durmiendo» en paz.

San Marcos anota dos detalles más en su relato. Cuenta que iban otras barcas en el mar. Probablemente cuando los vientos amainaron, muchas personas no sabían que había sido por el poder de Jesús, porque él no estaba en sus barcas. Jesús nos ha librado de tantos peligros, y a menudo no nos percatamos: les damos crédito a la suerte y a las coincidencias. Hoy, agradecemos al Señor su protección (¿DIOScidencias?).

Marcos también precisa que Jesús estaba en popa. Me preguntaba si ese detalle era significativo. Usualmente en la popa es donde se controla la dirección de las barcas. Si quieres llegar a puerto seguro, deja el control de la barca a Jesús. Que él sea tu timonel y tu capitán. ¡Ánimo! No tengas miedo. Jesús, el soñador, está contigo, y pase lo que pase no te dejará. Ni siquiera en sueños.

YO CREO EN LAS DIOSCIDENCIAS: HISTORIAS DE UN VIAJERO

Manny Rosado

Por más de cinco años he estado realizando trabajo social voluntario en Ecuador, Nicaragua, Paraguay, Panamá y Francia. En Ecuador estuve trabajando en una escuelita ubicada en una de las provincias más vulnerables y afectadas por el terremoto del 2016. Impartí charlas musicales de liderazgo, autoestima y toma de decisiones. Conocí a una adolescente con cara y ojos de ángel. A sus 14 años, ya había tenido unos siete abortos. Esto me destrozó el corazón. Su sonrisa constante no denotaba su cruel realidad. Era de las que más participaban y, ¡ufff!, sí que era de las más asertivas del grupo. Son casos que están muy cerca de nosotros y simplemente no los vemos. De camino a Quito, capital de Ecuador, yo iba pensando: «¿Cómo es posible que pasen estas cosas?».

DEL UBER AL TAXISTA

Cuando llegué a la parada terminal del autobús, pensé en pedir un Uber. De repente, se me acercó un taxista. De manera muy decente, respetuosa y amigable, se puso a mi servicio. En ese instante, sentí que debía irme con él. Algo me lo decía. Era intuición ligada con perspicacia. El servicio de Uber me iba a costar cinco dólares más barato, pero eso no impidió que siguiera mi corazón. Le dije al taxista: «Pues claro, señor, me voy con usted».

EL TRAYECTO

Mientras recorríamos hacia mi destino, conversamos sobre nuestras vidas. Le comenté sobre mi labor, el porqué estaba en su país. Le expliqué que trabajo capacitando en técnicas de educación a docentes y facilitadores que laboran con niños, niñas y adolescentes que viven en situaciones de alto riesgo, pobreza, penalizados por la ley y en las peores formas de trabajo infantil. Luego, le hice la historia de la chica que, a sus 14 años, le habían practicado siete abortos. Él se quedó impactado. Y con un nudo en la garganta, se abrió para desahogarse conmigo.

LA DIOSCIDENCIA

Para mi sorpresa, comenzó a relatarme sobre lo que le estaba sucediendo en ese momento de su vida. Su familia había estado destruyéndose. Él y su pareja estaban a punto de divorciarse. Y lo peor era que su hija, de 14 años (la misma edad de la adolescente que había abortado en varias ocasiones), comenzó una relación íntima con un joven de 24 años, que ella conoció por una red social. Este joven, en varias ocasiones, la había sacado de su casa para llevarla a otra provincia y aprovecharse de ella con relaciones sexuales.

TODO SE RECONSTRUYE

El taxista, desesperado, me contaba todo lo que él estaba haciendo para recuperar a su hija: desde poner denuncias en la policía, hasta aparecerse en la casa del chico para amenazarlo. Me narró que, en medio de este proceso, decidió involucrarse en una comunidad de la Iglesia Católica que brinda acompañamiento a familias en riesgo. Me dijo que su esposa no quería ir, pero él no perdió la esperanza de convencerla, ya que había visto cómo Dios, a muchas familias, les había dado la oportunidad de restaurarse.

LA HIJA PRÓDIGA

Gracias a Dios, su hija volvió a casa. Él fue involucrándola en actividades de la Iglesia. Estaba pensando en comprarle una guitarra para que aprendiera a tocar (haciendo referencia a mi guitarra, ya que andaba con ella, como siempre). También había logrado renovar su relación con su esposa. Yo veía en sus gestos, en su tono de voz, en su sonrisa y en su tristeza la gran necesidad de recuperar a su familia. Fue en ese momento donde le orienté a continuar asistiendo a esos encuentros religiosos y a animar a su hija en actividades lúdicas que la mantendrán ocupada, y en espacios seguros y sanos. ¡Le aplaudí esas iniciativas!

RESILIENCIA

En ese momento le dije: «Todo esto que usted me relata no es coincidencia, sino más bien, DIOScidencia». Seguido de esas palabras, saqué de mi mochila mi nuevo disco musical titulado «Resiliencia» y se lo regalé. La resiliencia es la capacidad que tiene una persona o una comunidad de recuperarse frente a la adversidad, sacar lo mejor de la situación y aprender de la misma para así seguir proyectando el futuro. Elegí la palabra «Resiliencia» para mi disco, ya que es lo que mejor lo identifica. Es un CD cuya inspiración data del 2012 al 2017, y que se fundamenta en los valores aprendidos desde la vida misma: mis caídas, levantadas, aprendizajes y desaprendizajes, y la experiencia de resiliencia de tantas personas y familias que me han inspirado en mi camino de fe desde mi voluntariado y trabajo social.

¿CUÁNTO CUESTA?

El taxista de inmediato se apenó y me preguntó con voz preocupada y entrecortada: «¿Cuánto debo de pagarle, señor?». Yo le dije: «Este disco lo compuse y lo grabé con el objetivo de que pueda acompañar a las personas y sus familias a encontrar soluciones a sus problemas; para llevar el amor y la paz. Es un regalo que quiero hacerle y espero que lo pueda recibir. En el disco hay una canción que se llama "Nosotros", la cual compuse inspirada en mi papá. Me encantaría que la escuche junto a su hija. Es lo único que le pido». En ese momento, el taxista me miró con ojos brillosos y me dijo: «GRACIAS, yo también creo en las DIOScidencias».

LOS COCINEROS REINSERTADOS

El viaje continuó. Recuerdo la historia de éxito que me relató un colega laboral salvadoreño, mientras trabajaba en un proceso de «coaching educativo» en una de las provincias más pobres de Paraguay. La historia es sobre un negocio de comida que recluta a jóvenes que han sido penalizados por la ley o que están tratando de reinsertarse sanamente a la sociedad.

DADOR DE OPORTUNIDADES

Es un negocio muy exitoso en Dallas, Texas. El dueño de este proyecto cree en las segundas oportunidades y también entiende que no es tan fácil. Más aún, confía que es posible. Los jóvenes que trabajan en este negocio de comida traen consigo múltiples carencias familiares. Llegan de un ambiente de violencia, con problemas de control de ira.

UN ABRAZO TRANSFORMADOR

Algo que me llamó rotundamente la atención fue el día en que uno de esos empleados tuvo un ataque de ira y comenzó a realizar acciones violentas en la cocina. El jefe, al ver esta situación, se le acercó y le dijo: «A ti lo que te hace falta es un abrazo». De inmediato atinó a abrazarlo. Duraron un tiempo abrazados. Mientras se consolidaba el abrazo, el joven comenzó a tranquilizarse y a llorar. En ese abrazo, una situación de violencia se transformó en una situación de paz, de esperanza, de consuelo, de saberse querido. A partir de esta experiencia, se volvió tradición y filosofía de este restaurante que los empleados se brinden abrazos transformadores diariamente. ¿Estás dispuesto(a) a hacer parte de tu vida, de tu familia, de tu espacio laboral esta filosofía?

Las soluciones de nuestros problemas se pueden encontrar en un simple gesto de amor. La situación por la que está atravesando el taxista con su hija puede encontrar solución en un simple abrazo. Los problemas que estás atravesando tienen luz en el abrazo sanador de un Jesús que vive ansioso por brindarte un dulce y prolongado abrazo. Déjate abrazar por él y sentirás que todo es posible. Y vuelvo y repito: «No es por coincidencia, sino por DIOScidencia».

ABRAZA A POR LO MENOS DIEZ PERSONAS Y RELÁTALES LA HISTORIA DEL ABRAZO TRANSFORMADOR.

RECOMENDACIÓN MUSICAL:
Nosotros Manny Rosado
El milagro Marcos Vidal
Todo irá mejor Rando Camasta
Todo se reconstruye Manny Rosado ft. Pavel Núñez

ÑAPA

UN MENSAJE DEL MÁS ALLÁ

Yuan Fuei Liao

Una mañana, mientras laboraba en una escuela de evangelización, me preguntaba si en el Cielo habría algún tipo de escuela. ¿Encontraremos allá alguna escuela de formación de evangelizadores? El que anuncia una buena noticia es un evangelizador (evangelio = buena noticia). ¿Quiénes son los enviados por Dios desde el Cielo para ser estos mensajeros? Los ángeles. Tal vez exista una escuela de formación de ángeles en el más allá.

No es que ellos necesiten pasar por un proceso para llegar a ser ángeles que adoran al Señor (los ángeles son ángeles desde que son creados). Más bien esta escuela celestial se encargaría de darles las instrucciones precisas para cada misión terrena: ¿Cómo lidiar con los seres humanos? ¿De qué manera manifestarse a ellos? ¿Qué hacer para no asustarlos más de la cuenta?

Puesto que mi imaginación volaba mucho, me encontré con rapidez en el salón de clases en donde arcángeles, querubines, serafines y demás miembros de la corte celestial se entrenaban para ser carteros del Rey de reyes. Imagínate: alas de distintas tallas colgando por doquier, mapas de los más recónditos rincones de la Tierra, artefactos extraños para todas las locaciones, vestimentas coloridas para adaptarse a las diversas culturas, computadoras con los datos personales de cada hij@ de Dios, los nombres de sus perros (para calmar los exaltados ánimos caninos ante una aparición del cartero)...

Para sorpresa mía, el énfasis de la lección no era sobre «cómo entender mejor la complicada psicología humana» (los ángeles no están para ser psicólogos). El tema de la clase era: «Qué decir a los seres humanos cuando te aparezcas».

La enseñanza era sencilla: «Cuando te aparezcas a una persona, lo primero que debes decirle, luego de saludarla, es: "¡No temas!"».

Me figuro a cada heraldo volando de un lado a otro, memorizando las dos palabras: «No temas, no temas, no temas...». Creo que los pregoneros celestiales aprendieron muy bien la lección.

LO DICEN LOS ÁNGELES

Zacarías, el padre de Juan Bautista, estaba en el altar del Santuario cuando se le apareció el ángel. Lo primero que este le dijo fue: *«No temas, Zacarías»* (Lucas 1, 13).

Seis meses después, el ángel Gabriel fue enviado a una joven llamada María, para anunciarle que había sido escogida para ser la madre del Salvador. Luego del saludo de rigor («alégrate, llena de gracia»), las palabras de Gabriel fueron: *«No temas, María»* (Lucas 1, 30).

Para comunicar a san José esta misma noticia de la encarnación del Salvador, el ángel del Señor se le apareció en sueños y le dijo: *«José, hijo de David, no temas»* (Mateo 1, 20).

En el nacimiento de Jesús, un ángel se presentó a algunos pastores para compartirles la Buena Noticia de la llegada del Mesías en el pesebre de Belén. Adivina qué fue lo primero que les dijo. Seguro que acertaste: *«No teman»* (Lucas 2, 10).

Pasaron los años, y nos encontramos con la resurrección del Señor. Unas mujeres fueron a visitar el sepulcro. El ángel se dirigió a ellas y les dijo: *«Ustedes no teman»* (Mateo 28, 5-6).

Más tarde, en un viaje misionero, san Pablo se hallaba en medio de una tempestad. Otro ángel fue mandado para confortarlo con unas palabras ya conocidas: *«No temas, Pablo»* (Hechos 27, 24). (Adivinaste, ¿verdad?).

«No temas». Palabras de vida, de ánimo, de esperanza y consuelo. Se ve que los ángeles se formaron muy bien en su escuela. Hoy, sustituye los nombres de Zacarías, María, José y Pablo por tu propio nombre. En lugar del rostro de los pastores o de las mujeres de la resurrección, coloca el tuyo. Y escucha cómo un enviado angelical te anima: «¡No temas, (aquí va tu nombre)!».

LO DICE DIOS PADRE-MADRE

Dicen algunos estudiosos de la Sagrada Escritura que la frase «no temas» aparece 366 veces en la Biblia. Una para cada día del año. ¡Dios tomó en cuenta hasta los años bisiestos! Dios Padre-Madre, desde el principio, ha estado enormemente empeñado en decirte que no tengas miedo. Algunos ejemplos:

«No temas, Yo soy tu protector, tu recompensa será muy grande» (Génesis 15, 1). *«¡No temas ni te acobardes!»* (Josué 8, 1). *«¡Alerta, pero ten calma! No temas, ni desmaye tu corazón»* (Isaías 7, 4). *«No temas, pues yo estoy contigo, no mires con desconfianza, pues yo soy tu Dios, y yo te doy fuerzas, yo soy tu auxilio y con mi diestra victoriosa te sostendré»* (Isaías 41, 10). *«No temas, porque yo te he rescatado; te he llamado por tu nombre, tú me perteneces»* (Isaías 43, 1). *«No temas, pues no vas a ser defraudada, no tengas vergüenza»* (Isaías 54, 4). *«¡No temas, ni te tiemblen las manos!»* (Sofonías 3, 16).

LO DICE JESÚS

Jesús vino a recordarnos este mensaje que por siglos nos venía de su Padre: «¡No temas!». Cristo, por ser igual a su Padre («de tal palo, tal astilla»), no tenía un mensaje diferente que comunicarnos:

«No teman, pues hasta los cabellos de sus cabezas están contados» (Mateo 10, 30). *«Ánimo, no teman, soy yo»* (Mateo 14, 27). *«No temas; solamente ten fe»* (Marcos 5, 36). *«No temas, pequeño rebaño, porque al Padre le agradó darte el Reino»* (Lucas 12, 32).

El día de su resurrección, Jesús salió al encuentro de unas mujeres, les dio el saludo de la paz, y agregó: *«No teman; vayan a anunciarlo a mis hermanos»* (Mateo 28, 10).

Años después, cuando san Pablo se encontraba dando testimonio del amor de Dios, el Señor le dijo en una visión: *«No temas, sigue hablando y no calles; porque yo estoy contigo y nadie te pondrá la mano encima para hacerte mal, pues tengo yo un pueblo numeroso en esta ciudad»* (Hechos 18, 10).

En los últimos tiempos dirá el Señor: «*No temas, soy yo, el Primero y el Último, el que vive; estuve muerto, pero ahora estoy vivo por los siglos de los siglos*» (Apocalipsis 1, 17-18).

SACANDO CONCLUSIONES: NO TEMAMOS

Dios nos quiere libres de todo síntoma del temor que esclaviza. ¿Todavía tienes miedo de algo o de alguien? El amor de Dios por ti es tan grande que echa fuera todo temor: «*Nosotros hemos conocido el amor que Dios nos tiene, y hemos creído en él. Dios es amor y quien permanece en el amor permanece en Dios y Dios en él. No hay temor en el amor; sino que el amor perfecto expulsa el temor, porque el temor mira el castigo; quien teme no ha llegado a la plenitud en el amor*» (1 Juan 4, 16.18).

Siempre es oportuno recordar que Dios te ama; por eso, no temas. «*El amor de Dios ha sido derramado en nuestros corazones por el Espíritu Santo que nos ha sido dado*» (Romanos 5, 5). El aliento del divino Espíritu te da las cinco v: vida, valor, valentía, vigor y victoria. Y el miedo se va. ¡Huye de ti!

«¡**No temas!**». Es el mensaje que Dios, desde siempre, te ha enviado desde el más allá. Necesitamos ángeles para este pregón. A propósito, ¿te animas a ser un «ángel» para comunicarlo a los demás que están más acá?

UN IMPULSO FUERA DE TU ZONA DE CONFORT

Manny Rosado

Por más de cinco años estuve condicionado a un trabajo familiar. Muchas veces llegaba a la hora que quería. Tenía un salario fijo y apoyo económico con el combustible de mi vehículo. Me sentía como un rey en mi reinado, en un trabajo en el que pude aprender mucho. Más aún: me condicioné a él. Sabía que podía dar más de lo que estaba dando. Tenía otros sueños por alcanzar. Solo los veía en mi cabeza. No los concretizaba por estar detrás de mi escritorio. No me estaba dando cuenta de que estaba viviendo en mi «zona de confort». Es aquella en la que nos encontramos seguros. En mi vida, esa zona era estar en un escritorio. ¿Cuál será la tuya?

Me sentía seguro y «estable». Es como si hubiera conquistado esa zona. La realidad era que esa zona me había conquistado a mí. Cuando estamos en la «zona de confort» solemos sentirnos cómodos, seguros, en control. Pensamos que nada se nos escapa, que conocemos todo de principio a fin. La situación se complica cuando esa zona nos controla a nosotros. Duramos mucho tiempo haciendo las mismas cosas. No probamos nuevas experiencias, nuevas formas de hacer las cosas.

ZONA DE APRENDIZAJE

Siempre tuve el sueño de poder acompañar a las personas con menos oportunidades: llevarles un mensaje positivo a través de música, charlas y conferencias. Estando en mi «zona de confort» lo veía tan lejos. Luego conocí mi «zona de aprendizaje».

La vida me llevó a salir del trabajo familiar. Tuve mucho miedo. No sabía qué hacer con mi vida. A pesar de todo, comencé a accionar. Las situaciones me empujaron a crear nuevas experiencias de vida. No estaba seguro de mí mismo.

Tuve la oportunidad de viajar a Francia a realizar trabajo social a través de la fe. Hice estudios profesionales. Acción y más acción. Abandoné el trabajo de oficina. No me quedé sentado en la misma silla. Conocí a personas grandiosas. Amplié mi visión. Comencé a visitar y apoyar los centros penitenciarios de mi país. Inicié un proceso de constituir una fundación de ayuda comunitaria. Empecé un proyecto de música en valores y de impacto social. A producir CD de música para jóvenes que viven en situaciones de riesgo, para combatir la violencia y crear una cultura de paz. A escribir un libro. A escribir artículos de impacto social en una revista. A dar charlas educativas. A llevarme mejor con mi familia. ¡Me lancé a perseguir mi vocación!

Dios y la fe me impulsaban. Mi familia me acompañaba. Mi mente débil se fortalecía. Todo esto se fue dando paso a paso. ¿Cómo surgió todo esto? Simplemente comencé a hacer las cosas diferente. ¡COMENCÉ!

VOCACIÓN

Todo fue tomando orden cuando descubrí mi vocación de servicio a los demás. Así pude identificar cuáles experiencias quería vivir. ¿Cómo la descubrí? Sencillo: identificando mis GUSTOS (lo que reconforta), mis INTERESES (lo que me llama la atención), mis HABILIDADES (lo que puedo hacer con facilidad) y mi PERSONALIDAD (forma de sentir y actuar ante mi entorno).

Todo esto lo discerní experimentando en mi «zona de aprendizaje». Dediqué tiempo para mí. Para escribir mis sueños. Convertirlos en proyecto. Actuar en base a ellos. Interiorizar. Accionar. Duré una semana completa en silencio, reflexionando y discernimiento sobre lo que quería alcanzar. Escribiendo mi proyecto de vida. ¡Hey! ¡Dedícate más tiempo! Me ha funcionado conocerme más para conocer y aprender más.

ZONA DE PÁNICO

Luego de haber vivido todas estas experiencias, llegaron las grandes incógnitas: ¿Ahora qué? ¿Valdrá la pena? ¿Se podrá? ¿Y si no funciona? **«La zona de pánico».** Miedo. Recuerdo haber preparado un portafolio de talleres en valores para ser impartidos en las escuelas y colegios. Fueron días muy difíciles, de mucha inestabilidad económica. Lloré de impotencia repetidamente junto a mis padres, tratando de identificar si realmente esto era lo mío. Tenía mucha información que dar. Muchas ganas. Poco presupuesto. Mucho más miedo y toda la intención de triunfar.

¡OH SORPRESA! Mientras fui trabajando, dando siempre mi mayor esfuerzo, disfrutándolo, presentando mi labor, más personas comenzaron a interesarse. Se abrieron nuevas oportunidades de aprendizaje. Cuando se ama lo que se hace, sostenido de la preparación y la fe, las cosas suceden. Las oportunidades llegan. Estamos más preparados para ellas. Las podemos aprovechar. Se trata de saber usar el miedo como instrumento que nos rete a ir por más, sin permitirle que nos estanque o nos limite o nos frene.

ZONA MÁGICA

La «zona mágica» es esa zona donde ya comienzas a ver los resultados objetivos de tu constante accionar. Visualizas que ha valido la pena el intento. Has aprendido. Has crecido. Lo puedes palpar. Tomar riesgos y confiar en Dios trae sus recompensas. Crear balance entre la oración y la acción... Lograr que, en la **intersección** de nuestras vidas, se crucen la fe y la acción... Trabajar por y para las personas de manera desinteresada... Enfocarnos en el bien común... Ser resilientes... Muchas veces caemos y nos levantamos. Mucho más importante es si aprendemos a levantarnos. Ahí está la diferencia. Prueba y error. Prueba y solución.

LAS GANAS DE PODER

Siempre recuerdo a mi abuelo: para poder estudiar, al no tener zapatos, tenía que amarrarse dos botellas plásticas en los pies para usarlas de zapatos y así poder llegar a la escuela. Mi madre, luego de tener un trabajo estable por más de 25 años, se lanzó a perseguir su sueño, aplicando en un trabajo más afín a su vocación. Y lo logró. Ahora está con mayor estabilidad y amor por lo que hace.

Me acuerdo de aquel niño, víctima del trabajo infantil en la montaña del Tupo (Ecuador), con quien estuve trabajando. Un día llegó a su espacio educativo con un burrito de carga. Acababa de salir del trabajo. Amarró su burrito de un árbol y con gran entusiasmo entró a recibir sus clases y a generar el aprendizaje. Terminado el espacio educativo, desamarró su burrito del árbol y se marchó a casa a descansar.

Y ahora, ¿cuál es tu excusa? Mi padre siempre me decía cuando estaba en el colegio: «Manny, a mí no me importa que saques un 60, 70 o 100 en las calificaciones. Yo lo que quiero es que siempre des tu mayor esfuerzo». Dios Padre lo que quiere de ti es «TU MAYOR ESFUERZO».

VIVENCIAS TRANSFORMADORAS

Tantas personas he conocido en el trabajo social y de fe. A pesar de sus limitaciones económicas y de oportunidades, lo siguen intentando. Luego miro hacia atrás: lo que he recorrido y aprendido. Me doy cuenta de que la «zona mágica» es saber que hemos sido bendecidos, y que, a través de nuestro accionar, hemos podido bendecir a muchos más.

LO QUE ME RESULTÓ A MÍ Y TE PUEDE RESULTAR A TI:

• Sal de tu zona de comodidad o expándela enriqueciéndola con nuevas formas de hacer las cosas, y nunca olvides lo que funciona de ella.
• Convive con personas que te reten y te ayuden a crecer.
• ¡Confía en tu vocación!
• Todo lo que aprendas en la vida es aplicable en «todo». Así que, de inmediato, bendice a otros con ese aprendizaje. Ayudarás y recordarás lo aprendido. ¡No tendrás nada que perder, solo aprender!
• Complementa tus habilidades y conocimientos en tu diario vivir.
• Conoce la realidad de tu entorno. Visita. Acompaña. Ayuda. Sirve.
• No esperes que otros te empujen. Que Dios sea tu impulso.
• Crea unidad en la diversidad. Respeta. Ama. Amplía tu visión.
• Involucra a la familia en tus actividades.
• Prepárate para cuando las oportunidades lleguen. Estudia. Aprende. Enseña.
• Logra la «intersección» entre la fe y las obras en tu vida.

Igual que el final del primer escrito de este libro, culmino recordándote que: **«No dejes para MAÑANA lo que pudiste haber hecho AYER, para que tu PRESENTE no sea un argumento de lo que no hiciste HOY».**

IDENTIFICA CUÁLES SON TUS «ZONAS DE CONFORT» Y LUEGO ESCRIBE UNA LISTA DE ACCIONES QUE PUEDES HACER PARA AMPLIAR TU ZONA DE APRENDIZAJE: «YO PUEDO».

RECOMENDACIÓN MUSICAL:
Sueños Diego Torres ft. Julieta Venegas
Todo se transforma Jorge Drexler
The freedom song Jason Mraz
Good good father Chris Tomlin

Yuan Fuei Liao

Yuan Fuei Liao es «made in Taiwan» aplatanado, aunque no quiere que su «occidentación» le haga perder su «orientación». Se autonombra «ser humano aspirando a ser más humano» y «exniño aspirando a ser más niño». Por varios países de América y Europa realiza su oficio de «diversionero», una mezcla de misionero + diversión: presenta humor, ilusionismo y prestidigitación para acompañar sus mensajes.

A este origamista le encantan los haikus, la minificción, los chocolates, la trova, los sueños, la solidaridad, Taizé, Cortázar, Galeano, las conferencias de TED, los cuentacuentos, la filosofía clown, mirar las aves que planean en libertad, sentarse en los parques con las brisas y... ¡Jesús! Además de amigo de Teresita de Lisieux y Chiara Luce Badano, es miembro de la Comunidad Siervos de Cristo Vivo. Padece una adicción incurable a los libros. Ha hecho varias caminatas de oración por autopistas, calles, callejones, plazas y senderos. Con frecuencia es invitado para impartir talleres de creación de cuentos y de evangelizar con trucos de magia y creatividad.

En el área musical, ha compuesto «Dios de victoria» y otras canciones desconocidas hasta por él, y tocado la guitarra y muchas puertas. Tiene publicados los libros «Sueños en papel» (en coautoría con José Rafael Sosa), «Dios: i"loco" de amor!», «¡Dios es wao!», «Cuentos sin ningún porqué» (Alfaguara Infantil), «Hacer oír tu voz, cuentos sobre los derechos de los niños y las niñas» (Santillana), «El macuto mágico» (Ediciones SM) y «Un rebulú en la ebanistería» (Santillana). Algunos de sus microrrelatos aparecen en la antología «La minificción en Santo Domingo» (Ministerio de Cultura).

Pero sus mejores obras son Juan-Fra y Josué, dos «volúmenes» que produjo junto a su amada Laura. A veces come con palillos chinos.

A Yuan se le suele ver dentro de algún autobús, tren o avión, escribiendo en una laptop o contemplando todo con achinados ojos de niño curioso. Le gusta que las personas sonrían cuando leen sobre él.

LO QUE MANNY OPINA DE YUAN:

«Yuan es nivel asiático (literalmente) en todo lo que hace. Todo lo que toca lo *transita* hacia una nueva *forma* o sea: lo *transforma* hacia algo grandioso. Tenemos ojos diferentes, pero un mismo corazón orientado al servicio. Gracias por el privilegio de tu amistad».

Manny Rosado

Emmanuel José Rosado Cruz, mejor conocido como Manny Rosado, es «made in Dominican Republic» con asistencia internacional, ya que su padre es de Belice. ¡Es de los dos o tres dominico-beliceños que existen en el mundo! No le gusta olvidar que su nombre es Emmanuel, por su gran significado: «Dios con nosotros». Esto le da una gran responsabilidad: ser para otros lo que Dios quiere que él sea. Vive a diario el «AcciónARTE»: conjuga siempre la acción con el arte. Cuando le preguntan: «¿A qué te dedicas?». Generalmente no sabe qué responder y termina diciendo que es un «accionador».

La música, el canto, la composición, su rubia «la Taylor» (su guitarra y fiel acompañante), la capacitación, el coaching, trabajar con poblaciones vulnerables y crear puentes de nuevas oportunidades... todo eso lo impulsa. Es amante de la simplicidad, ¡así de simple! No es dulcero, pero se deja endulzar con los detalles de la vida. El béisbol, la música con mensaje positivo, la resiliencia, la naturaleza, la carne, el sancocho y el dulce de coco que preparan sus abuelos dominicanos, el escabeche de su abuela beliceña, Taizé, el ecumenismo, la inclusión social, conducir en la carretera y cruzar túneles de árboles, los derechos humanos, la interculturalidad, los barrios, los centros penitenciarios son algunas de las cosas que le gustan y le llaman la atención.

Ha tenido el privilegio de llevar un mensaje positivo en su país y en varios países de América y Europa. Lidera la fundación «Corazones a tiempo». Ha producido dos discos musicales para proyectos que trabajan con jóvenes que viven en situaciones de alto riesgo, y tres más que cuentan con sus composiciones musicales fundamentadas en su experiencia de camino de fe desde el voluntariado y el trabajo social. Tuvo la bendición de Dios, junto a su equipo de trabajo, de ser reconocido con el «Premio Nacional de la Juventud 2016» (Ministerio de Juventud) y «Premio Voluntariado Solidario 2014» (Vicepresidencia de la República), y los dedicó a los adolescentes en conflicto con la ley, quienes le dan sentido a su «acción». Su motivación es querer aprender más de «Jesús». Su familia es su motor que llena de combustible sus pies, manos y corazón. Sus abuelos y el saberse amado por ellos son los tesoros más preciados que tiene. Le encanta que las personas disfruten y se sientan parte importante de todo lo que él hace.

LO QUE YUAN OPINA DE MANNY:

«Manny me confunde, porque no sé si es envidia o admiración lo que siento por él cuando veo todo el bien que hace entre los jóvenes. Cuando yo sea mayor quisiera ser menor; pero cuando yo sea grande, quisiera ser como Manny».